改訂版　著作権とは何か

文化と創造のゆくえ

ensaku

a pilot of wisdom

目次

両親に

はじめに　著作権とは何か

「著作権」という言葉が注目を集めています。

著作権とは、文学・映画・音楽・美術といった作品の創作者が持つ、その作品がどう利用されるかを決定できる権利のことです。

著作権の最大の存在理由（少なくともそのひとつ）は、芸術文化活動が活発におこなわれるための土壌を作ることだと筆者は考えています。

なぜなら、豊かな芸術文化は私たちの社会に必要なものだからです。

ですから、著作権をその目的に沿うように使ったり、設計することは、私たちに課せられた課題です。

これで、この本でいいたいことは書いてしまいました。

以下では、具体例を挙げながらこの権利のことをもう少し詳しく述べていきましょう。

本書では、著作権というものの基本的な考え方を紹介していきますが、手始めに、まずは著作権に限らず「権利」とはどういうものか、簡単に触れてみたいと思います。

最近、さまざまな芸術文化のジャンルの関係者が、あるいは一般のユーザーでも結構ですが、「権利」、特に「知的財産権」というものを意識することが、以前よりもずっと増えてきていると思います。「権利の時代」といわれることもありますし、「権利ビジネス」とか「権利侵害」といった言葉もよく耳にします。

こうした「権利」とは、どんなものなのでしょうか。

たとえば、クリエイティブな作業に絞っていえば、「権利」というものは次のような場面で頭をもたげてきます。

仮に、あなたが気に入ったアーティストの曲や気に入った写真家の作品を使って、自分のホームページを作ろうとしたとします。つまり、他人の作品を使うのですね。そのときに、勝手に使ってしまっていいのかなと思う。あるいは逆に、あなたが、たとえば小説家であるとして、他人の書いた本を読んでいたときに自分の小説とそっくりのパートが出てきたとします。「こんなこと、許されるのかな」と思ったりはしないでしょうか。これは、立場は逆ですが、要するに同じ疑問を持っているのです。これらの疑問には、「権利」がかかわっています。

ここまでお話ししたところで、「権利」をめぐる第一のルールをご紹介したいと思います。といっても、読者が理解しやすいように、筆者が即席でこしらえたルールです。

ルール① それがあなたの権利なら、一定の利用をコントロールできる。

大事なところに傍線を引きました。「権利」のところに線が引いてありますね。これは「権利」というものにはいろいろな種類があるからです。

たとえば、筆者はちょうど本章の執筆中に、写真家の森山大道さんの作品集を購入しました。買ったのですから、その写真集は筆者の持ち物です。この写真集をどこに持っていくのも、どこにしまっておくのも筆者の自由です。また、友人に転売すること、つまり処分もできます。何度も見て飽きてしまったときは、よいことかどうかはともかく捨ててしまうこともできます。なぜならば、それは筆者の持ち物だからです。

法律的には、これを筆者の「所有物」といって、筆者はその写真集に対して「所有権」という権利を持っていることになるのです。所有権という権利を持っているので、保管するとか、処分するとか、廃棄するとか、そういった利用を原則として自由にできます。また、筆者以外の人は、その写真集について今述べたような利用を自由にできないのです。他人が勝手に筆者の本を持っていったら、泥棒になります。このように、筆者は所有権という権利に基づいて、その利用をコントロールできるわけです。

ところが、「利用」といってもコントロールできるのはすべての利用ではありません。「一定の利用」です。たとえば、写真集のなかのある作品をとっても気に入ったから、その写真を来年の年賀状に使うことにして何百枚も葉書に印刷したり、あるいは写真をスキャナーで自分のPCに取り込んでホームページの背景に使用したくなったとします。そうすると、これは突然、筆者の自由にはならなくなります。なぜでしょうか。

それは本の中身、つまり情報を利用しようとしているからです。写真集は筆者の持ち物ですが、情報は筆者の持ち物ではないからです。言い方を変えれば、筆者の所有権は物（有体物）としての本にだけ及ぶもので、情報（無体物）としての写真には及ばないからです。この情報としての写真には、所有権ではなく別の権利が働き、その権利の持ち主はほかにいます。この別の権利というのが「著作権」で、その持ち主は、おそらくクリエイターである森山さん本人です。

ですから、筆者は勝手に中身である写真をコピーしたり、ホームページに載せたりできないのです。それは著作権にかかわる利用だからです。所有権にかかわる利用は筆者がコントロー

写真集に働く所有権と著作権

ルできますが、著作権にかかわる利用は著作権の持ち主である写真家がコントロールしますので、筆者のホームページに載せるのは許可をもらわないとできないのです。

このように、一冊の写真集をとってみても、そこには所有権と著作権というふたつの権利が働いていますし、それぞれの権利の持ち主が違っていたりします。また、利用の仕方によって、どちらの権利がかかわるかが変わり、それに伴い、その利用をコントロールできる人も変わるわけです。

そこで、「それがあなたの権利なら、一定の利用をコントロールできる」と書いたのです。

もう少し、「権利」について話を続けましょう。「コントロールできる」と書きましたが、それはどういう意味でしょうか。

たとえば、著作権でいえば、自分の作品を自由にコピーできる、という意味でしょうか。それもありますが、本質的には自分でなくて他人が利用したときに、この「コントロール」ということが本領を発揮します。

たとえば、あなたの小説の一節が勝手に他人に使われたり、真似されたりして、「ひどいな」と思ったとします。その思いを胸にしまっておいたり、酒の席で友達に怒りをぶつけたりしているあいだは、それは単なる個人的感情にすぎませんが、その怒りを何かもっと具体的な形にしたい場合もあるでしょう。たとえば、そんな本は出版を止めてほしいとか、損害賠償をしてほしいと感じたとします。こうした要求を相手に対してできる、ただできるだけではなくて、いよいよとなれば裁判に訴えてでも強制的に要求を実現できる。権利とはそうした「力」のことをいいます。

著作権に話を絞るならば、著作権とは、作品を使われてしまった後に損害賠償という金銭の請求をできるだけではなく、これから使おうという人に対して強制的にその利用を止めさせることもできる権利、すなわち禁止権です。しかも、この禁止権は絶対的な権利です。世界中の誰に対しても、理由を問わずに禁止することができます。理由は必要ありません。

禁止の裏返しとして、著作物の利用を許可することもできます。誰に対して、どういう条件で許可するか。これも権利者の自由です。もっとも、「そんな条件なら許可はいらない」と利用を断るのも相手の自由です。この許可のことを、「許諾」とか「ライセンス」といいます。

では、こうした著作権は誰が持っているのでしょうか？　ここで、第二のルールが登場します。

ルール②　著作権は、著作物について、それを創作した人に与えられる。

著作権は、原則として、その著作物を創作した人に与えられます。この著作物の創作者のことを「著作者」といいます。また、著作権を持っている人を一文字違いで「著作権者」といいます。つまり、最初は「著作者」イコール「著作権者」ということですね。これについては後で詳しく説明します。

この第二のルールには、もうひとつ大きな意味があります。つまり、著作権が働くためには、大前提としてそれが著作物でなければならないのです。いろいろな情報や作品が著作物になり得ますが、あくまでも著作物として認められる内容のものでなければなりません。著作物でなければ、話はそこで終わりです。著作権が働く余地はありませんし、考える必要もなくなります。

ただし、著作物にはあたらない文字やデザインでも、商標権や意匠権など、別の権利が働くかもしれません。こうした形のない情報について認められる権利をすべてひっくるめて、「知的財産権」とか「知的所有権」といいます。このように、問題にされている作品や情報が、どんな知的財産権の対象になるかをきちんと整理することは大切です。

知的財産権にはどんなものがあるか

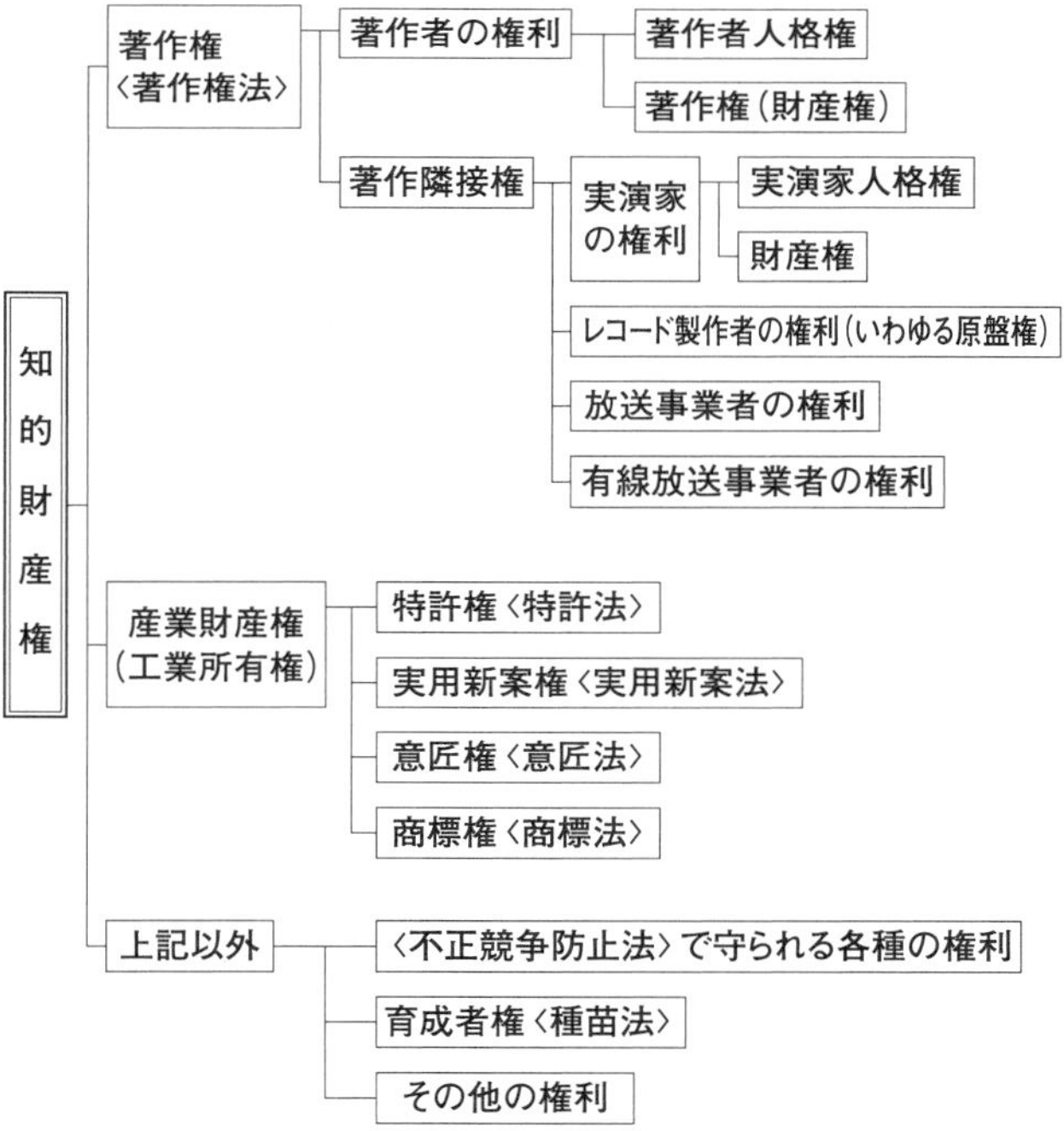

第一章　それは「著作物」ですか

1　法律の条文を読んでみる

著作物の定義

それでは、まず著作権問題のスタートである「著作物」とは何かということから考えてみましょう。「はじめに」で述べた通り、著作権の対象になるのは著作物だけで、著作物でなければ著作権の問題はそこで終わりです。

著作物とは何か、ということについて、著作権法には定義があります。法律の条文などという無粋なものは本書ではできるだけ使わずに進めたいのですが、ここは条文を見てもらわなければ話が始まらない数少ないポイントのひとつです。著作権法では、著作物を次のように定義しています。

> 思想又は感情を創作的に表現したものであつて、文芸、学術、美術又は音楽の範囲に属するもの
> （著作権法第二条第一項第一号）

抽象的ですね。これだけ読んでもよくわかりませんから、著作権法は、著作物の例も挙げて

います。あくまでも例にすぎませんが、具体的なイメージをつかむために、順番に見てみましょう。

著作物の例
小説・脚本・講演など　音楽　舞踊・無言劇　美術　建築　図形　映画　写真　コンピュータ・プログラム

著作物の例として挙げられるもの

まず「小説・脚本・講演」、つまり言葉ですね。言葉で作られた作品。詩や短歌も入ります。これはわかりやすい。

次の「音楽」という言葉には、世間的にはいろいろな意味があります。たとえば、一枚の音楽CDのなかには、さまざまな人々の作業の成果が詰まっています。まず、古い民謡などでない限り、作詞家・作曲家、つまりソングライターがいて詞や曲を作っています。作曲されたメロディを「楽曲」といいますが、この楽曲と歌詞はいってみれば楽譜に書くことができる情報です。

しかし、楽譜を見ただけで楽しめるのは、おそらくかなり素養のある人だけですね。それを歌手やミュージシャンが歌ったり、演奏してはじめて「音」が生まれます。しかし、この音は誰かが録音しなければ、その場で消えてしまいます。そこで、通常はスタジオを借り、エンジニアなどのスタッフの助けを借りて、歌ったり演奏した音を録音します。このようにして録音されたものを「原盤」、マスターといいます。この原盤から複製、つまり工場でプレスして、はじめてCDになります。

実際にはプロデューサーなど、もっとさまざまな人々がこの過程でかかわっていますが、ぐっとはしょると三つの要素、つまり、①作詞・作曲された楽曲と歌詞、②それを歌ったり演奏した音、③それを録音した原盤、これらの要素がなければCDは成立しません。

そのうちどの要素が著作物かといえば、①の作詞・作曲された楽曲と歌詞だけが該当します。著作物として「音楽」というときは、楽曲と歌詞を意味します。

それでは、ほかの要素、たとえば歌手やミュージシャンの歌声や演奏は著作物ではないのかとか、原盤は違うのか、と疑問が湧きます。これらは著作物ではないのです。ですから著作権は働きません。

それならば、歌手やミュージシャンにはなんの権利もないのかというと、あります。著作権ではない別な権利、「著作隣接権」という少々紛らわしい名前の権利があります。端的にいうと著作権よりもやや狭い権利といえますが、歌手やミュージシャンの生みだした音は、この権利によって守られています。シンガーソングライターであれば、作詞家・作曲家としては著作権を持っていて、歌手としてはこの著作隣接権を持っています。

続けて舞踊・無言劇とありますが、舞踊とはダンス、バレエ、日本舞踊、それから舞踏も含まれます。無言劇とはパントマイムのことです。これも音楽の場合と同じように、ダンスには振付家（コリオグラファー）の振付があり、それに基づいてダンサーが踊るのですが、著作物にあたるのは振付です。だから、振付家が著作者になります。ではダンサーはというと、歌手やミュージシャンと同じように、著作隣接権で守られます。

ダンスやパントマイムにも、音楽の楽譜と同じように譜面があるのをご存知ですか。筆者は何度か見せてもらったことがありますが、舞踊では舞踊譜、パントマイムではパントマイム譜が作られることがあります。マイムで著名なヨネヤマママコさんのマイム譜など、とても精緻な、独自の感性にあふれたものでした。また舞踏の創始者、土方巽《ひじかたたつみ》の舞踏譜は口伝《くでん》でも残されていたとして、亡くなられてから出版されました。

こうやって譜面、譜面とくり返すと、紙に書かれていなければ楽曲も振付も著作物ではないのかと誤解を与えそうです。これは、必ずしも書かれている必要はありませんし、記録されている必要もありません。たとえば即興演奏の場合、譜面に書かれていませんがメロディはありますから、これは立派な著作物です。ただ、書き留めたり録音しておかないと再現不可能かもしれない、というだけの話です。再現不可能でも著作物は著作物です。ですから、即興演奏を誰かが無断で録音して発売すれば、著作権侵害になります。

その次の「美術」には、広くビジュアルな作品が含まれます。絵画や彫刻のような伝統的な美術作品から、書やイラストレーションなども美術の著作物です。変わったところでは、マンガは美術の著作物と、最初に挙げた言語の著作物が渾然一体《こんぜんいったい》となった作品といわれます。

それから、たとえば演劇やダンスといった舞台芸術では、背景のセットや舞台衣裳などの舞台美術が重要な要素となりますが、この舞台美術も美術の著作物です。この点、一般論としては実用品のデザインの多くは著作物ではないと考えられています。たとえば、大量生産される日用品の形状などは、著作物ではない場合が多いでしょう（著作権ではなく意匠権などで守られます）。ただし、舞台作品のために特に制作される衣裳は、当初から芸術表現のために作られるものですから、表現がオリジナルならば著作物でしょう。

著作物の例はまだまだあります。「建築」とは文字通りの建築物で、実用一辺倒のものではなくて、建築芸術的なものをいいます。さらにその設計図面や地図といった「図形」も著作物に含まれます。

それから「映画」ですが、これは劇場用の映画だけではなく、広く動画作品を含むものと考えればよいでしょう。ですから、実写はもちろんアニメーションも映画の著作物ですし、また、ビデオ作品、TVドラマ、場合によってはTVのバラエティ番組も映画の著作物になります。それから、TVゲームの動画の画面だけを取りだして、あの部分は映画の著作物だということもあります。

次いで「写真」も著作物です。写真については、ときどきそれが誰の作品か、誰が著作者かということで誤解があるのですが、作品としての写真を創作するのは、通常は写真家、撮影者です。ですから、写真家が著作者です。被写体となった人物は通常、写真の著作者ではありません。

どうしてこんなことを書くかといえば、ある芸能プロダクションで、所属タレントの写真は当然自分たちに権利があると考えているケースが過去にあったからです。たしかにタレントが大きく写っていれば、そういう気持になるのはわかりますが、被写体は通常は著作者ではありません。ですから、著作者イコール著作権者の原則からいえば、写真の著作権を持つのは写真家です。権利を譲ってもらわない限り、そこに写っている本人やプロダクションは写真の著作権を持っていません。では、被写体である芸能人にはなんの権利もないのかといえば、別な権利、おそらく肖像権（肖像パブリシティ権）があります。このように、ひとつの作品に複数の権利が乗っているのもよくあることです。

最後に、コンピュータ・プログラムも著作物です。ですから、TVゲームの場合、先ほど述べたように動画の部分は映画の著作物になり、本体のプログラムの部分はプログラムの著作物になることもあり得ます。これはひとつの作品が同時に違う種類の著作物として見られる例ですね。

さて、長々と書いてきましたが、これはみんな「著作物」の例にすぎません。ですから、例に挙がっていて一見著作物のように見えるものでも、本項のはじめに述べた著作物の定義（条件）からはずれていれば著作物ではありません。逆に、マンガのように、著作物の例にはぴったりと当てはまらなくても、著作物の条件さえ充たしていれば著作物になります。このように、やはり著作物の定義が大切です。抽象的なようですが、著作権をよく理解しようと思えば、「思想又は感情を創作的に表現したものであつて、文芸、学術、美術又は音楽の範囲に属するもの」という条文と格闘するほかないのです。

次の項ではこの著作物の条件について詳しく見てみましょう。付き合ってみると、この定義はとても奥深く、おもしろいものです。

2　創作性その他の条件

著作権が守られるためには著作物でなければなりませんし、その著作物とは「思想又は感情を創作的に表現したもの」だということがわかりました。その後に「文芸、学術、美術又は音楽の……」と続くのですが、この部分は比較的重要性は劣ります。より大切なのは前半で、わけても実際に問題になるケースのほとんどは、「創作的な表現」かどうかをめぐってのものです。そこで、その点を中心に著作物になるための個々の条件を見ていきましょう。

「創作性」——どの程度のオリジナリティが必要か

まず「創作性」、つまりオリジナルな、独創的な表現でなければ著作物ではありません。このオリジナリティというのは、著作権の根幹にかかわる大切なことです。著作権の問題は、要するに「オリジナリティとは何か」という問題に集約されるとさえいえます。では、このオリジナリティ、創作性とは、どの程度のものを指しているのか。

非常に高い創作性、つまりきわめてオリジナリティの高い作品でなければ著作物とはいえないのではないか、と思われる方もいるかもしれません。後で述べますが、著作権はとても強い権利です。それゆえ、非常に独創的な、素晴らしい作品でなければ、著作権で保護されないようにも思えます。

しかし、正解はそうではありません。著作物になるための創作性は、ごく控えめなオリジナリティであって、なんらかの形で作者の個性が表れていればよいと考えられています。まして、それが素晴らしい作品であるか、そうでないかは、著作物かどうかには関係ありません。よく例に出されるのが、子どもの落書きでも立派な著作物だということです（子どもの落書きが素晴らしくないという意味ではありません）。筆者の子どもたちも、毎日のように著作物を量産しています。ほぼ保存されずに捨てられますが、著作物という点では、ドラクロワやピカソの絵と同じくらい著作物です。

では、そこまでハードルが低いなら、およそ人間の表現で著作物でないものはないのではないか。およそ文章らしき、美術らしき、音楽らしき体裁さえ持っていれば、どんなものでも著作物なのか、というと、そうではありません。世のなかには、文章らしき、美術らしき、音楽らしき外見を持っていても、著作物ではないものがあります。それは、他人の真似です。他人の真似だけからできているものは、著作物ではありません。それは他人の著作物のコピーであり、あなたの著作物ではありません。

それから似た例ですが、どこでも見かけるようなありふれた表現も著作物ではありません。たとえば、転任・退任の挨拶や引越し通知などが例に挙げられます。こうした挨拶の多くは紋切り型で、どれも区別がつかないくらい似ています。それらは著作物だとは考えません。ただし、手紙自体が著作物になることはあります。書き手の個性が充分に表れている内容の手紙は、著作物になりますし、日記もそうです。つまり、公表を予定した作品でなくても、独創的な表現は著作物です。

　では、小説のなかのごく短いフレーズや、楽曲の短いフレーズはどうでしょうか。そこだけを取りだしてみるとありふれていたり、既存の表現が多く見受けられます。そうすると、その部分だけを抜きだしてみれば独創的ではない。そのパートも含んだもっと大きな固まりは独創的ですが、個々のパートだけを抜きだすと独創的とはいえないでしょう。この場合、作品全体や大きな固まりは著作物ですが、ある短い箇所だけを抜きだしたときには著作物というには足りない。このように考えます。

　ごく短いフレーズの例として、「国境の長いトンネルを抜けると雪国であった」という川端康成『雪国』の冒頭を挙げる研究者がいます。『雪国』という小説全体はもちろん著作物です。また、この一行は小説の冒頭に位置づけたときにはきわめて効果的で印象的です。しかし、この一行だけを抜きだしたときには、短すぎて独創的な表現とはいえない気がします。長いトンネルを抜けると、雪景色が広がっていたという状況は実際によくあるわけで、その状況を簡潔に伝える文はおそらく数パターンしかないでしょう。だから、この部分だけを取りだして考えると、おそらく著作物ではありません。著作物でないならば、この一行だけを真似するのは自由です。

　同様に、作品の題名や登場人物の名前は、一般には短すぎるため、著作物にならないケースが多いといわれています。題名や個別の名前だけに注目するならば、短すぎて「創作的」といえるだけのバリエーションはなかったり、（後で触れますが）「表現」といえるほどまとまったものではない、というのがその理由です。

いわゆる普通名詞はその代表格です。たとえば、小説や絵画の題名である『舞姫』や『ひまわり』など、それ自体は別に森鷗外やゴッホが創作した言葉ではない。『はげ山の一夜』や『アルルの女』のように、もう少し複雑なものでも、それだけを取りだして特定の作家だけに独占させるには短すぎます。

ただし、題名や名前は著作物ではないという法律上の規定があるわけではありません。長いものなど、独創的な表現といえるだけのまとまりを持った題名の場合は別です。たとえば、劇作家の清水邦夫さんは、一度聞いたら忘れられないような印象的な題名を付ける方ですが、『泣かないのか？　泣かないのか一九七三年のために？』とか『ぼくらが非情の大河をくだる時』など、ずいぶん長いものがあります。『泣かないのか——』は、試しに数えてみたところ、全部で三十音もありました。これは俳句より長くて、むしろ短歌に近い。『幻に心もそぞろ狂おしのわれら将門《まさかど》』という作品もあり、この題名は長いのでご本人も省略して『将門』と書かれていましたが、これで二十四音あります。ムーンライダーズの『物は壊れる、人は死ぬ　三つ数えて、目をつぶれ』（作詞・鈴木慶一）という曲名は二十三音。長いだけの題名なら、これよりはるかに長いものもあります。こういう長大で独創的な題名や曲名を、誰かが無断で借用するのは、さすがにまずいのではないでしょうか。

事実やデータは著作物か

次に、著作物になるための条件に、「思想又は感情」の表現とありますが、ここでは難しく考える必要はありません。深く考えると、お笑いには思想がないから著作物ではないだろうとか、美は思想や感情を超越したものだとか、いろいろ難しくなってきそうです。ここでの「思想又は感情」は内面、つまり人の内側から湧きあがってくる表現程度に理解しておけばよいと思います。

ただし、この「内面の表現」ということから、ひとつ重要な結果が導かれます。それは「単なる事実やデータは著作物ではない」ということです。なぜなら、事実やデータは、人の内面から出たものでも、人が創作したものでもないからです。

たとえば「一九四五年八月九日に長崎浦上天主堂近くの上空で原爆が炸裂して、礼拝中の神父と信者たち多数が死亡し、聖マリア像も被爆した」というのは、歴史的な事実であって創作によるものではありません。仮に、焼け跡に立ってその事実を知ったあるライターが克明な記事を書いたとします。そして記事を読んだ人が、この話を映画化しようと思い立ったとします。

そのことに対して、ライターは他人の書いた作品から断りもなく勝手に題材を採るな、とはいえません。つまり「何人も事実を独占することはできない」のです。この原則は事実・実話に基づいて小説や映画、TVドラマなどを創作する場合に、常にかかわってくる問題です。

ライターの立場であれば、「他人の書いた作品から、断りもなく題材を採るとはけしからん。取材するのに、いったいどれほど苦労をしたと思っているんだ」と、このように感じられることはあるでしょう。とりわけ、題材を借りた作家の側が「これは誰々のルポルタージュを参考にさせていただきました」とでも明記すれば、まだしも感情論としては納得できるかもしれませんが、明らかに「種本」にしているにもかかわらず、まったく存在にすら触れられていない場合があります。そういうときは心穏やかではありません。かつて筆者は、「事実の発見者の権利は認められないのか」というルポライターの方の発言を伺ったことがあります。

しかし、どれだけ苦労して事実を掘り起こして、埋もれた事実に光を当てたとしても、事実である限りは著作物ではない。ですから著作権が認められることはありません。これを「額の汗は報われない」といいます。冗談のようですが、アメリカ法では本当に「スウェット・オブ・ザ・ブラウ」(額の汗)の問題といいます。

ただし、事実をライターが非常にうまく構成して、おもしろく書いた。書き方を工夫したり、自分の想像や創作を交えて書いた場合には、その工夫したり、想像を交えた部分は著作物かもしれない。すると、そこまで含んで誰かが借用した場合、これは問題になります。そこまで行かず、事実の部分だけを抜きだして借用するのは、著作物ではないので問題はありません。

実際の例として、実在の人物の評伝や実録物を参考にして、誰かが作品を作った場合、参考にされた評伝の著者が無断借用されたと訴えて裁判になることがあります。その場合は、果たして参考にされた評伝から生の事実だけを借りてきたのか、それとも創作部分も借りてきたのか、これが争点になります。NHK大河ドラマの『春の波濤《はとう》』は、明治期の大女優マダム貞奴(川上貞奴)らをモデルにしていましたが、参考にされた評伝の著者とのあいだで裁判になりました。そこでも事実だけを参考にしたのか、評伝の創作部分まで借用したのかが争われました(一九九八年にNHK側勝訴で確定)。

こうしたことが問題になるのは、著作権があくまでも対象を人の創作した表現に絞り、それを守ろうとしているからです。

アイディアは著作物か

著作物になるにはまた、創作的な「表現」でないといけません。どういうことかというと、具体的な表現として形をとる以前の、アイディアの段階というのは著作物ではないのです。

たとえば、「ロール・プレイング・ゲーム」というゲームのジャンルがありますね。最近は

TVゲームの方が有名ですが、元々はテーブルゲームで普及したものです。なかでも代表的なものが『ダンジョンズ・アンド・ドラゴンズ』という一九七〇年代にアメリカで大ヒットしたテーブルゲームで、映画化もされました（邦題は『ダンジョン&ドラゴン』）。

このロール・プレイングというアイディアを、最初にひとりで思いついた人がいたとします。つまり、参加者は「戦士」とか「魔法使い」とか、それぞれ架空のキャラクターを割りふられて、ある目的に向かって旅をしたり仕事をこなしていく。その過程で幾多の困難や課題に直面して、それらを乗り越えるにつれて成長し、より強力になっていく。レベルが上がると、さらに大きなハードルを乗り越えられるようになり、最終的にある目標に到達すると勝ち。仮に、これが冒険型のロール・プレイングの基本アイディアだとします。

この基本アイディアを誰かが思いついた（つまり、創作した）とします。そして、この基本アイディアが著作物であるならば、これはもう大変なドル箱です。著作物なら、思いついた人がこのアイディアを独占できます。すると、誰も著作権者の許可なくこのアイディアを真似できないので、許可がなければいかなるロール・プレイング・ゲームも作れません。もう、世界中のTVゲームの会社から莫大な使用料（印税）が入ってくる。これは過去最大クラスのヒット・コンテンツでしょう。

この基本アイディアに肉付けすると――たとえば、絵柄やキャラクターやストーリーや音楽などを備えると――『ドラゴンクエスト（ドラクエ）』とか『ファイナルファンタジー（FF）』のような実際のTVゲームが出来上がります。ドラクエやFFもメガヒット・コンテンツですが、もし、そもそもロール・プレイングという基本アイディアが著作物ならば、その価値には負けるでしょう。なぜなら基本アイディアがなければ、ドラクエもFFも作れないのですから。

ところが、実際はそうではありません。ドラクエやFFは著作物ですから、これらは莫大な収入源になりますが、その根底にあるロール・プレイングという基本アイディアを思いついた人がいたとしても、それだけでは一円の印税も入ってきません。なぜなら、アイディアは原則として誰でも自由に使えるからです。アイディアは著作物ではないから、それを思いついた人が独占することはできません。

アイディアは自由に使用できる。ところが、それに肉付けした具体的な表現は、著作物として作家が独占できる。この「アイディア／表現」の区別も、著作権の基本的なルールのひとつです。

実際には、アイディアだけを思いついて作品は作らないケースは少ないでしょう。そうすると、先ほどの評伝から事実だけを参考にする例と同じで、他人の作品からアイディアだけを借りるのは自由だということになります。他人の作品から「表現」を借りてはいけない。なぜなら、それは著作物だから。ただし、他人の作品に触発されて、そのなかにある「アイディア」

を借りるのはかまわない。なぜなら、それは著作物ではないから。著作権ではこのように考えます。

このように考えるのはいいのですが、これは実に厄介なルールです。なぜなら、アイディアと表現を区別するのは難しいからです。たとえば、ロシアの文豪ドストエフスキーに『罪と罰』という小説があります。手元にある新潮文庫版（米川正夫訳）では上下巻合わせて約千ページになる大長篇で、多くの登場人物、複雑な性格描写、入り組んだ筋を持った作品です。もちろん、これは著作物です。

この小説のあらすじを独断に基づいて荒っぽくまとめれば、

「真の強者はあらゆる道徳や法律に束縛されない」という独自の超人思想によって、高利貸の老婆を殺し財産を奪った貧しい学生ラスコーリニコフは、しかし罪の意識、良心の呵責、恐れといった自分の内なる人間性との葛藤に苦しみ、やがて慈愛に満ちた心を持つ娼婦ソーニャにすべてを告白し、罪を贖うために司直の手にみずからを委ねる

となるでしょうか。もっと縮めていえば「超人的な思想と、内なる人間性との葛藤」になるかもしれません。ロシア文学の研究者の方々にはお許し願って、ここではそれを『罪と罰』のテ

ーマだと仮定してみましょう。このテーマや基本的な設定は、アイディアだとされています。ですから、『罪と罰』を読んだ人が着想を借りて、「超人的な思想と、内なる人間性との葛藤」についての小説を書くのは自由です。

では、どの程度まではアイディアだけを借りたとみなされ、どの程度を超えると表現を借りたことになるのか。文学でいえば、具体的なストーリー、エピソード、台詞などをある程度まで借用した場合には、表現を借りています。極端な例を挙げれば、『罪と罰』ときわめて似たストーリーで、起こる出来事や話される内容もとても似ている。でも、舞台は大正時代の日本に置きかえてあって、ラスコーリニコフは書生で、ソーニャは女郎になっていて、言いまわしは全部少しずつ変えられている。この場合、表現を借りていないから問題ないかといえば、それは明らかにおかしいですね。

つまり、言いまわしを少し変えた程度ではもちろん駄目です。他方、テーマが同じというだけならば完全に問題なし。抽象的なテーマが似ている場合を一方の端として、ストーリー、エピソード、台詞がそっくりな場合をもう一方の端とすれば、そのあいだのどこかに、単にアイディアだけが似ているのではなく、表現が似ている段階に踏み込む境界があるはずです。しかし、その境界がどこであるか、正解が法律の条文に書いてあるわけではありません。この境界がどこにあるのかは、本書の大きなテーマのひとつです。

アイディアと表現の境目

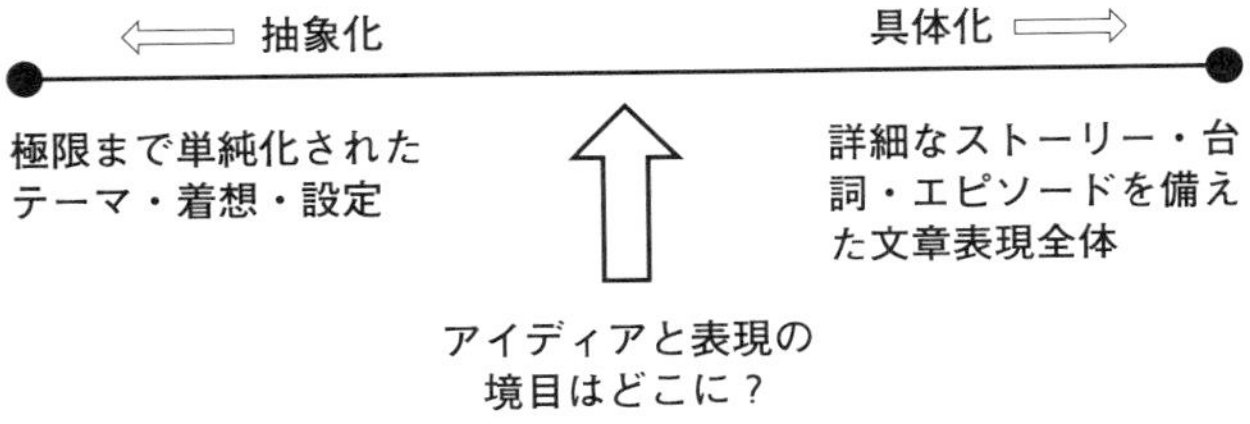

ここで、「しかしどうしてだろう」という疑問が湧いてきます。表現に劣らず、素晴らしいアイディアだって簡単に湧いてくるものではないし、すごい天才からか、ごく稀にか、あるいは大変な思索の末にやっとのことで生まれるものです。それに、卓抜したアイディアならば、これを真似する人はとても楽です。他人のよいアイディアを取りいれればよい作品も生まれやすいし、楽してお金儲けができる。それとは対照的に、真似されてしまう方はちょっと気の毒です。それはロール・プレイングの例を思い出せば、わかります。

ということは、アイディアは、具体的に肉付けされた絵画や小説などの表現と同じくらい、ひょっとしたらそれ以上に保護する必要があるのではないか。要するに、独創的なものは全部保護すればよいのであって、アイディアか表現かで区別する必要はないのではないか。こう考えれば、アイディアと表現の区別について迷う必要もなくなります。

ところが、現在の著作権法はそのように考えませんでした。

「アイディア」とそれを具体化した「表現」を区別して、前者は利用を自由にし、後者だけを著作物として保護する形にした。つまり意図的に、アイディアは著作物ではないから真似してもいい、他人の作品からよいアイディアを借用するのはかまわないというスタンスをとりました。これを「アイディア自由の原則」といいます。

なぜならば、アイディアは人のあいだで広まり、どんどん再生産されるべきだという基本的な発想があるからです。いいアイディアだから独占させるのではなく、いいアイディアだからこそみんなで分かち合えるようにしようというわけです（ただし、一定のアイディアに限って、特許法や実用新案法などに基づいて短期間の独占が許されることがあります）。

たとえば、かつて共産主義という思想がありました。いや失礼、今でも確固として存在しています。これはアイディアです。それを思想としてまとめあげたひとりにカール・マルクスがいます。マルクスはそれを『共産党宣言』（共著）や『資本論』という書物に著しました。これらは著作物です。それゆえ、著作権の保護が続いているあいだは、他人が勝手にこれらの本を出版することはできませんでした。

でも、こういったテキストを読んで共産主義というアイディアを理解し、それに基づいて別な本を書いたり、演説をするのは自由です。共産主義という思想は、誰でも本にしたり、手を加えたり、批判的に検証したりできます。その過程でアイディアは流布します。検証されて、仮にいいアイディアならばどんどん広まります。それはいいことではないかという考えが根底にあります。

逆に、そうでなければ、われわれの社会や文化は窒息してしまいます。ですから、アイディアは自由に流通させて、真似してもらおう。そうすることで文化活動は活発になります。でも、具体的な表現を真似することは規制しよう。このように著作権法は考えました。これについては、第三章でもう一度お話しします。

アイディアと表現の一致

さて、アイディアと表現を区別しようとすると、困るときがあります。非常に短い作品などで、それが単なるアイディア・着想なのか、それとも表現なのか、区別が難しい場合があるのです。たとえば、交通標語。これは、五・七・五になっていることが多く、憶えたり唱えたりしやすいように、工夫して作られています。同じ五・七・五に季語を入れて詠まれた俳句は文学作品で、原則として著作物でしょう。では交通標語も著作物かな、と考える。

以前、筆者は「気をつけよう、雨の日・週末、事故多し」という交通標語を、首都高速入口の看板で見たことがあります。これもほぼ五・七・五です。だから、なんとなく著作物かもしれない気がします。ところで、この標語に込められたメッセージは「雨の日・週末は事故が多いから、運転に気をつけよう」ということです。これはアイディアでしょう。運転をするうえでの注意事項であり、それこそ車を運転するすべての人々のあいだに流通すべき内容です。これは誰かに独占させるべきものではありません。

してみると、この標語とそこに込められたメッセージは、ほとんど同じではないでしょうか。「気をつけよう、雨の日・週末、事故多し」が著作物だとするならば、他人は勝手に真似することはできません。ところが、そのメッセージである「雨の日・週末は事故が多いから、気をつけよう」はアイディアのようだから、自由に使っても、真似してもかまわない。これはほとんど語順を少し変えただけですね。

この場合、「気をつけよう、雨の日・週末、事故多し」は、表現に創作性がないから著作物ではないといっていいでしょう。つまり、あるアイディアから、ほとんど表現の選択の幅がない場合には、「その表現＝アイディア」と見ることができるので、著作物ではなく誰にも独占させない、という考え方です。

話をさらに進めると、現代美術の分野でミニマル・アートやコンセプチュアル・アートと呼ばれるジャンルがあります。これらの作品は、アイディアと表現の関係が微妙でおもしろいものが多いですね。ある着想・アイディア・テーマと、具体的な表現との距離が近いものが少なくないのです。

たとえば、ここにカーリン・ザンダーの『磨かれた鶏卵』という作品があります。ご覧いただいている通り、身も蓋もない言い方をすれば、卵を磨いて置いただけの作品で、ミニマル・アートの範疇《はんちゅう》に属する作品です。

芸術家の作為をほとんど拒絶しつつ、しかしそれでいて完璧な形態ともいえるこの卵は、たしかに見るものに強い印象を残す作品です。しかし、これは著作物でしょうか。高い評価を受けている現代美術の作品なのだから、著作物だろうとも思えます。しかし、この作品は、鶏卵を磨いてみようというアイディアが生まれた時点でほとんど結果まで出来上がっています。つまり、最初のアイディアと表現はほぼ一直線でつながっており、卵を磨こうというアイディアがいったん生まれたならば、どの完成品も（少なくとも素人目には）ほとんど同じものになるような気がします。アイディアを真似するのは自由なのだから、卵を磨くという行為は真似をしていいのでしょうか。真似してもいいのならば、結果としてほとんど同じ作品を他人が作ってもかまわないことになります。

それとも、同じような作品を自由に作って別な作家の名前で公表できるというのはいかにもまずいので、似た作品を作ってはいけないのでしょうか。別な言い方をすれば、卵を磨くことは、もはやアイディアではなくて、表現そのものなのでしょうか。

表現であるとすれば、卵を磨いて作品にすること自体が著作物として守られることになり、後で詳しく述べますが、少なくとも七十年間以上にわたって、最初にそれを試みた作家がその表現を独占できることになります。全世界的に、著作権者の許可がない場合には、卵を磨いて作品に使うことはできません。どうも、それもおかしいような気がします。あるいは、そう考えるのが正しいのでしょうか。

カーリン・ザンダー『磨かれた鶏卵』（1994年）
（http://www.karinsander.de/en/work/chickens-egg-polished-raw-size-0より）

ミニマル・アートに限らず、こうした問題は現代美術の少なからぬ数の作品に当てはまります。現代美術の巨匠マルセル・デュシャンには、既製品をそのまま作品にした「レディ・メイド」という有名なシリーズがあります。そのなかに、男性用の便器を展示して『泉』という作品名を付けた一九一七年の作品もあります。二〇〇四年には、世界の芸術をリードする五百人から「最もインパクトを受けた現代芸術の作品」にも選出された、デュシャンの代表作です。

先ほどの卵もそうですが、『泉』の場合も利用された便器自体はデュシャンが創作したものではありません。そもそも、便器そのものは実用品ですから、元来は著作物ではないでしょう（24ページ参照）。問題になるのは、それを選択して、架空の署名（「R.Mutt」）を施し、一定の方法で展示したというデュシャンの行為です。

これも、日常生活を形成する既製品を芸術品と呼んで展示するという彼の発想に先進性があったのであり、ネーミングの妙はともかくとして、後は作品になるまで一直線です。そもそも、デュシャンはほぼ一貫して芸術家のオリジナリティという価値観を否定する方向で活動を続けた人物です。アイディアは借りてもいいのですから、同じコンセプトで和式の便器をそのまま作品にしたり、洗面台をそのまま作品にしたとしても問題はないでしょうか。

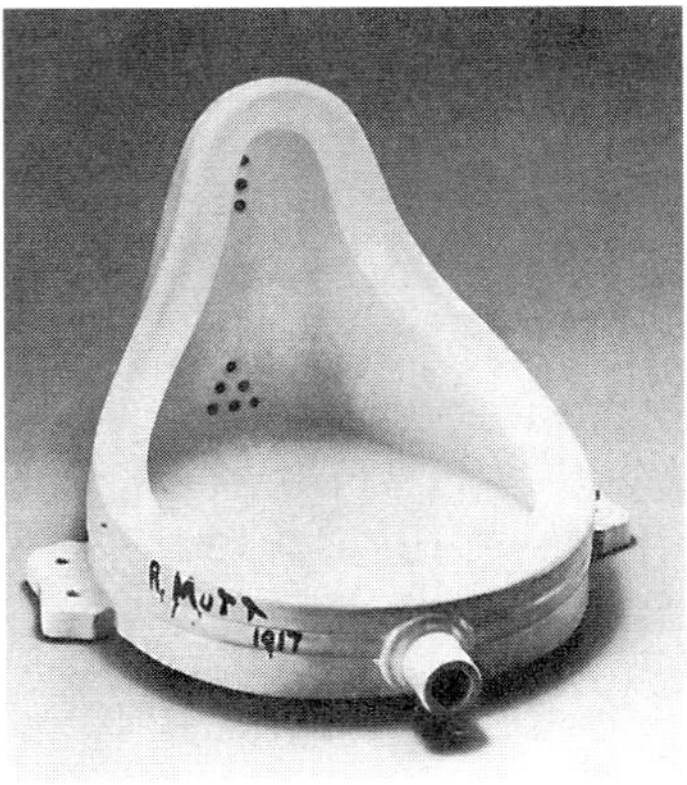
マルセル・デュシャン『泉』（1917年、オリジナルは紛失。Philadelphia Museum of Art 蔵）
（http://www.beatmuseum.org/duchamp/fountain.htmlより）

それとも、最初にデュシャンが便器を着想して作品にしたからには、それ以後の人々は似た作品を作るべきではないのでしょうか。少なくとも便器・洗面用具系は遠慮すべきなのでしょうか。遠慮すべきであるならば、どうして遠慮すべきなのでしょうか。実際、レヴィーンという作家は『泉（ブッダ）（デュシャンによる）』というタイトルで、ブロンズ色に輝く男性用便器の作品を発表していますが、これが仮にデュシャン（一九六八年死去）の著作権承継者の許可なく作られていた場合、デュシャン側は（もしそう望めば）レヴィーンを著作権侵害だと訴えることができるのでしょうか。

「アイディア／表現」の区別については、実にさまざまなことを考えさせられます。

シェリー・レヴィーン『泉（マルセル・デュシャンによる：A.P.)』（1991年、Walker Art Center蔵）
（https://cragycloud.com/wp-content/uploads/2015/06/Levine.jpgより）

パスティーシュ（作風の模倣）

さらに、アイディアは自由に利用できるという原則から、ひとつのルールが導かれます。それは、作風は真似てもよいということです。作風の模倣のことを「パスティーシュ」といいますが、これをするのは自由です。つまり、具体的な作品にそれほど似ているわけではないが、いかにも雰囲気や調子が似ている作品をこしらえることがあります。これを広い意味のパロディとして意図的にやることもあれば、偉大な先駆者の影響を受けた結果、自ずと作風が似てくることもあります。どちらの場合も、具体的な作品にさえ似なければ、おこなうのは自由です。

たとえば、「タカラヅカ風」と聞くとみなさんはどう思われますか。「新撰組をタカラヅカ風に上演する」「忠臣蔵をタカラヅカ風で映画化しよう」こういわれれば、おそらく読者の念頭に一定のイメージが浮かんだと思うのです。それは別に宝塚歌劇の具体的などれかの作品に似ていなくても、「タカラヅカ風」という作風のイメージがみなさんの頭にあるからです。

映画を例にとれば、戦前から戦後にかけて活躍した監督に小津安二郎という名匠がいました。今でも世界的に信奉者は多く、たとえば、ヴィム・ヴェンダースや侯孝賢《ホウシャオシエン》といった映画監督は、彼から多大な影響を受けています。

さて、日本でも、映画監督デビュー作が小津風のポルノだったたという方がいます。それは『Shall We ダンス?』などで世界的に評価された周防正行さんです。彼のデビュー作は『変態家族　兄貴の嫁さん』という、もうポルノ以外の何物でもないという題名のピンク映画でした。ところが、この作品は全篇、小津監督へのオマージュなのです。

小津作品の特徴である、ローアングルや独特の台詞まわしが多用される。登場人物の設定も似せてあり、年老いた父親が出てきて、これが今は亡き大杉漣さんなのですが、小津映画の常連だった笠智衆の役どころで、枯れた演技を見せてくれたりする。さらには家出した長男の嫁、庭先で挨拶だけして通りすぎるご近所の夫婦まで出てくる。実に小津安二郎の世界を連想させる作品になっています。ラストシーンにはそこはかとない感動まで漂い、さすがは周防監督、なかなかの佳作です。ただひとつの欠点は、枯れすぎていて、ポルノとしてはほとんど機能しないように思えることでしょうか。

『変態家族　兄貴の嫁さん』は、具体的なストーリーやエピソード、それぞれのシーンは、もちろん小津映画のどの作品にもさほど似ているわけではありません。ポルノですから。そのなかで、ローアングルとか、映画のなかの時間の流れ方とか、家族の解体とか、そういう作風やモチーフだけが小津作品に似ているのです。これは著作物を借用したのではなく、作風というアイディアだけを借りて、小津映画へのオマージュとした例といえるでしょう。

キャラクターは著作物か

創作的な表現だけが著作物になるというルールに関連して、もうひとつ大きい問題は、作品の登場キャラクターは著作物なのか、ということです。

これはどういうときに問題になるかといえば、他人の作品から人気キャラクターを借用したり真似をして作品を作ったものの、ストーリーなどほかの面においては全然似ていない場合です。

先に述べた通り、短い名前は一般には著作物ではありません。ですから、たとえば「タラちゃん」とか「ヒゲおやじ」といった名前は著作物ではないので、それだけを借用するのに著作権者の許可はいらないと考えられています。たとえば、仮に筆者が小説を書いて、登場人物のひとりのあだ名を「タラちゃん」に設定しても、おそらくは問題ないということです。

それでは、さらに名前だけではなくて、まさにそのキャラクターまでをいただいてしまうのはどうでしょうか。たとえば「三毛猫ホームズ」という赤川次郎さんの人気小説シリーズに登場する猫の主人公がいます。その名前、性格、基本設定を全部借りる。つまり、あの三毛猫ホームズのキャラクターを借りて、ストーリーは別な推理小説を書く。これはどうでしょうか。

この場合、借りられている「名前」「性格」「基本設定」というものは、一般的には、どれも著作物ではないといわれています。実際、日本の裁判所は「キャラクターというもの自体は著作物ではない」という判断を示したこともあります。そこで、研究者のなかには「だから他人の小説のキャラクターだけを借りてきて、別なストーリーの小説を書くのは著作権侵害ではない。著作物を使っていないのだから」という有力な意見があります。

これはどういうことかといえば、勝手に続篇を書いてもかまわないということです。

歴史をひもとくと、勝手に続篇を書かれてしまった作家がいます。スペインの小説家セルバンテスが書いた『ドン・キホーテ』という作品は、十七世紀スペインで大ベストセラーになった小説です。一六〇五年に、まず前半部分だけが発表されました。それが大変な人気を呼び、セルバンテス自身が後篇を書いているあいだに、一六一四年、アベリャネーダと名乗る人物が勝手に後篇を書いて発表してしまいました。それに遅れること一年、セルバンテスの後篇が発表されたのです。つまり後篇が二通り出たのですね。セルバンテスは、偽者の出現に烈火のごとく怒ったそうです。

著作権法もなかった十七世紀のスペインでもかなりきわどい話ですから、現代では、著作権法的には可能であるという意見をいくら聞かされても、試みられる方はまずいないでしょう。ただし、オリジナルが物故者の場合は別で、たとえば夏目漱石の小説では、漱石の没後、しかも著作権が切れた後に、未完に終わった『明暗』の続篇である『続 明暗』を書かれた小説家の水村美苗さんなど、挑戦者が出てきています。こういう挑戦は楽しいですね。

もっとも、これはあくまでも「別な作家が勝手に続篇を書いている」ことが明確に示される形で発表されるべきでしょう。読者から「夏目漱石の書いた後半の原稿が発見されたらしい」とか「赤川次郎の三毛猫ホームズの最新作が出た」と間違ってとらえられるようでは、これは詐欺的で、別な法律問題が出てきそうです。

もうひとつ付け加えると、これらはあくまでも、小説の登場人物のような、ビジュアルなイメージのないキャラクター（非絵画的キャラクター）の場合の話です。たとえば、「ドラえもん」のキャラクターたちを登場させて新作アニメを作るとか、商品を作って売る場合には、使われ

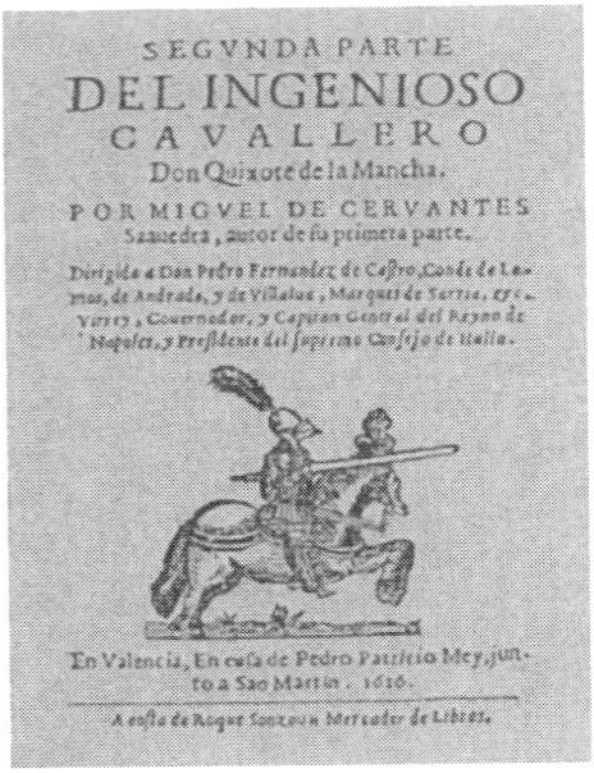
SEGVNDA PARTE
DEL INGENIOSO
CAVALLERO
Don Quixote de la Mancha.
POR MIGVEL DE CERVANTES
Saauedra, autor de su primera parte.
Dirigida a Don Pedro Fernandez de Castro, Conde de Lemos, de Andrade, y de Villalua, Marques de Sarria, etc. Virrey, Gouernador, y Capitan General del Reyno de Napoles, y Presidente del supremo Consejo de Italia.
En Valencia, En casa de Pedro Patricio Mey, junto a San Martin. 1616.
A costa de Roque Sonzoni Mercader de Libros.

SEGVNDO
TOMO DEL
INGENIOSO HIDALGO
DON QVIXOTE DE LA MANCHA,
que contiene su tercera salida: y es la quinta parte de sus auenturas.
Compuesto por el Licenciado Alonso Fernandez de Auellaneda, natural de la Villa de Tordesillas.
Al Alcalde, Regidores, y hidalgos, de la noble villa del Argamesilla, patria feliz del hidalgo Cauallero Don Quixote de la Mancha.
Con Licencia, En Tarragona en casa de Felipe Roberto, Año 1614.

左が『ドン・キホーテ』後篇の表紙、右が贋作『ドン・キホーテ』の表紙。
（岩根圀和著『贋作ドン・キホーテ』中公新書、1997年より）

ているのは名前と性格だけではありません。

絵柄が使われていますから、これは立派な美術の著作物の利用になります。著作権侵害でしょう。このように、マンガやアニメの登場人物のような絵画的キャラクターの場合は別になります。

「もの」——即興演奏や即興の語りは著作物か

最後に、著作物の定義では「表現されたもの」となっています。「もの」と聞くと、楽譜に書かれていたり、キャンバスに描かれている、要するに記録されていなければ該当しないのではないかという誤解が生じますが、そんなことはありません。即興演奏でも著作物になるのは、前述の通りです。

このように著作物はものに記録されている

必要はありません。ただし、ひとつだけ例外があり、映画の著作物はテープなりディスクに記録されている必要があります。

以上が、著作物とは何かという話でした。これらの条件をクリアしたものが、著作物として著作権を認められます。次章では、そうした著作物には、どういう権利が生まれるのか、著作権の中身を見ていきましょう。

第二章　著作者にはどんな権利が与えられるか

1　著作権は権利の束

ある作品が著作物であるならば、そこには著作権が生まれます。著作権とは「はじめに」で述べたように、その作品の利用を禁止してコントロールすることができる権利です。つまり、著作権を持っている人（著作権者）の許可がなければ、誰もその作品を利用することはできません。ただし、あらゆる利用を禁止できるわけではなく、たとえば、ただ単にその作品を見たり聞いたりして楽しむことは著作権が及ぶ利用ではありません。「作品を他人が楽しむこと自体は著作権者といえども禁止できない」ということは、一見当たり前のようですが、大切ですから覚えておいてください。

それでは、著作権はどんな利用をコントロールできるのか。実に多様な利用です。図表にまとめましたので、順を追って詳しく説明していきましょう。

まず複製権は、作品を勝手に複製（コピー）することを禁止できる権利です。英語では著作権を「コピーライト」（copyright）というくらいですから、最初はこの権利から生まれました。コピーといっても、複写機でコピーするだけではなく、印刷すること、写真に撮ること、録音・録画すること、ＰＣのハードディスクにコピーすることなどのすべてが含まれます。手で

著作権に含まれる各種の権利

複製権
印刷、コピー、写真撮影、録音、録画などの方法によって著作物を再製する権利。

上演権・演奏権
著作物を公に上演したり、演奏する権利。

上映権
著作物を公に上映する権利。

公衆送信権
著作物を放送・有線放送したり、インターネットにアップロード(送信可能化)したりして、公に伝達する権利。

口述権
著作物を朗読などの方法で口頭で公に伝える権利。

展示権
美術の著作物と未発行の写真著作物の、原作品を公に展示する権利。

頒布権
映画の著作物の複製物を公衆に譲渡・貸与する権利。

譲渡権
映画以外の著作物の原作品や複製物を譲渡によって公衆に提供する権利。

貸与権
映画以外の著作物の複製物を貸与によって公衆に提供する権利。

翻訳権・翻案権等
著作物を翻訳、編曲、変形、翻案する権利。

二次的著作物の利用権
二次的著作物については、二次的著作物の著作権者だけでなく、原著作者も上記の各権利を持つ。

書き写すことも複製です。昔は複製するには書き写す以外に方法がありませんでした（幕末の吉田松陰などは、読んだ本を全部書き写して勉強したといわれています。これは実に身に付く勉強法でしょう。もっとも自分でやってみようとは思いませんが）。

上演権・演奏権は、自分の戯曲を誰かが公に上演したり、自分の楽曲を誰かが公に演奏することなどを禁止できる権利です。この「公に」が意味しているのは、公衆に直接見せたり聞かせることです。「公衆」とは「不特定または多数の人」です。「不特定または多数」ですから、たとえばたったひとりでもそれが不特定の人ならば公衆です。不特定とは何かといえば個人的なつながりがないことです。公開のイベントに集まる観客や店舗に入ってくるお客さんなどがそれにあたります。

寄席の高座でもなんでも、少ないお客さんの前で演じるのはハードで、そのぶん勉強にもなるといいますね。たとえば、高座に上るのが十人、観客がひとりの場合、そのひとりの客が帰ってしまえば、高座にいる十人の存在理由がなくなります。演じる方も緊張しますが、見る方も緊張する。お互いにハードな時間です。この場合は、観客がひとりでも、不特定ですから公衆です。

逆に、多数の人を前にして演じれば、どんなに親しい特定の人たちであっても、それは公衆です。ですから、クラス会で五十名いるクラスメイトの前で歌を歌えば、おそらく著作権でいう「演奏」にあたります。どのくらいから多数というか、絶対基準はありませんが、一般的に数十人も集まれば、多数といえる場合が多いでしょう。ちなみにここでCDの音楽を流した場合、それも「演奏」にあたります。

では、どういう場合が公衆にあたらないかといえば、特定の少数の人たちです。たとえば、家族。家族がいる前で歌を歌っても、これは公の演奏ではありません。ですから、JASRAC（一般社団法人日本音楽著作権協会）から使用料の請求書がくることはない。では、クラス会で歌えば請求書がくるのかというと、実はこの場合もきません。公の演奏なのですが、後で述べる「非営利目的の演奏」に該当するからです。

上映権は、演奏や上演と同じで公衆に直接見せるための上映が対象になります。映画館で上映しなくても、店頭にTVを置いてビデオを流せば、公の上映です。どちらも著作権者は禁止することができます。

公衆送信権は、公衆、つまり不特定多数の人々に対して送信することの禁止権です。たとえば、ラジオやTVの放送、ケーブルTVなどの有線放送、それからインターネットで流すことなども含まれます。

通常、インターネットのホームページは、発信する側のサーバーという端末に蓄えられた文字や画像や動画などのデータがユーザーに流れることにより、ユーザーはそれを見たり聞いたりすることができるのです。「流れる」というと、まるでこちらから配達しているみたいですが、通常、発信者側はデータをアップロード、つまり蓄えておくだけです。そこにユーザーがアクセスして閲覧をリクエストすると、自動的にデータが流れる仕組みをとっています。つまり、サーバー上のデータが流れるように操作しているのはユーザーであり、発信者側は単に蓄えておくだけなのです。このサーバー上に蓄えておくことをアップロードといいます。蓄えておくだけですが、これは「送信可能化」といって公衆送信に含まれます。そのほか、メールマガジンなどで不特定多数の人たちに作品を流した場合、これも公衆送信に含まれるでしょう。

口述権は、読んで字のごとく口頭で伝えることが対象です。たとえば、子どもたちを集めて本の読み聞かせをするのは口述です。ですから、聴衆を集めて入場料をとって本の読み聞かせをすれば、口述権の侵害になります。

展示権は、公衆に見せるために展示することの禁止権です。ほとんどの権利はどんな著作物にも分け隔てなく働きますが、展示権は美術の著作物と未発行の写真の著作物を、しかもオリジナルを展示する場合にしか働きません。つまり、レプリカを展示しても、著作権者の展示権を侵害したことにはならないのです。ただし、無断でレプリカを作ること自体、複製権の侵害になります。

譲渡権というのもあります。つまり、他人の著作物やそのコピーを勝手に譲渡することはできません。もっとも、いけないのはこれまた「公衆」への譲渡だけです。ですから、たとえばお店で売ったりしてはいけません。既成の音楽CDから海賊版コピーを勝手に作って売れば、勝手にダビングすること自体が複製権の侵害になりますし、違法コピーを売るのは譲渡権の侵害です。

では、書店やCDショップはどうなのか。そこで、本やCDという他人の著作物のコピーを売っているから譲渡権を侵害しているかといえば、もちろんそんなことはありません。これは後で述べる「ファースト・セール」との関係でもそうなるのですが、それ以前に、著作権者に「無断で」売る場合が、譲渡権の侵害なのですね。たとえば、本を出版するときには、著者は当然書店で販売するという前提で刊行しますから、出版社や書店は無断で著作物を売っていることにはなりません。これはほかのどんな権利についてもいえることですが、他人の権利に触れることでも許可をもらえば問題ありません。

では、古書店や中古CDショップはどうか。著作権者である作家や作詞家・作曲家側は、古本や中古CDとしての販売までは許可していませんから、譲渡権の侵害にあたるのではないのかという気がします。ところが、譲渡権には例外があるのです。「ファースト・セール」といいまして、一度正当に譲渡された著作物やコピー――つまり本やCD――には、その後は譲渡権は働かないという規定があります。つまり、古書店や中古CDショップも譲渡権を侵害していない理屈になります。

ところが、著作権者である作家や出版社の側には、「新古書店」と呼ばれる大規模な古書店が台頭した際には強い抵抗もありました。たとえば、新刊本を買って読んだらすぐに新古書店に売る人がいて、それをまた誰かが買います。つまり、Aさんが買って読んで古書店に売り、それをBさんが買って読んで古書店に売り、それをまたCさんが買って読んで売る。見方を変えれば、ある種の読みまわしで、そのぶん新刊本の売上げは落ちるように思えます。この場合に、誰が得をしているかといえば、新古書を買う人も得をするが、利ざやを稼いでいる新古書店がいちばん得をしているのではないか。出版への投資はゼロにもかかわらず、考えようによっては右から左に本をまわすだけで、定価の何割かの粗利を上げている。しかも、その際、クリエイター側、すなわち著作権者の側には一円も入ってこない、というわけです。ですが、ファースト・セールの原則からは適法なビジネスです。

貸与権は、レンタルレコードがきっかけになって生まれた権利です。自分の著作物のコピーを誰かが公衆にレンタルすることを禁止できる権利です。つまり、レンタルビジネスをするには、著作権者の許可が必要だということです。

映画の著作物の場合には、この譲渡権と貸与権を合わせたような、頒布権という権利があります。映画のビデオを公衆に売ったりレンタルすることのほか、映画館などで上映するために、業者にフィルムを譲渡したり、レンタルするのも頒布です。これが伝統的な意味での映画の配給ビジネスです。

翻訳権は、著作物を別の言語に翻訳することを禁止できる権利です。ですから、海外の小説を勝手に翻訳してはいけません。それから「翻案」というのは、たとえば、元々ある著作物のストーリーや絵柄といった表現を借りて、これに手を加えて新しい著作物を作ることです。映画化、脚色、リライトなどがこれに含まれるでしょう。後で述べるパロディも、これにあたるかもしれません。こうした「翻案」や、既存の楽曲の「編曲」、絵画を彫刻にするような「変形」も、著作権者は禁止することができます。いわば、ある著作物を土台にして新しい著作物を作る行為です。これらを禁止できるのが翻訳権・翻案権等です。

新しい著作物が生まれるためには、元の作品を利用しつつも、そこに新しい創作性、創意工夫が加えられる必要があります。元の作品の台詞を逐語的に少しずつ変えたり、元の音楽に誰にでもできるようなアレンジを加える程度の、特に新しい創作性が加わっていないものは、翻案等とはいいません。ではこれらは何かといえば、単に少し変えた複製にすぎません。

元の作品を土台にして、新しい著作物が生まれるケースのなかには、違うジャンルの著作物になる場合も含みます。たとえば、原作小説とか原作マンガを元に映画のシナリオを作るのは、たいていは新しい創作性が加わっていますから翻案です。それから、そうしたシナリオに基づいて映画を撮る。映画は独立した著作物です。映画はシナリオを土台にしつつ、カメラワークや照明や編集など、さまざまな新しい創作性が加わります。ですから、これも翻案です。

このように、翻案は実にさまざまな形でおこなわれています。小説の映画化、マンガのアニメ化やTVゲーム化、それとは逆に、映画やゲームのマンガ化や小説化、あるいは詩を小説化したり、小説をオペラ化したり、オペラをミュージカル化したり、ミュージカルを映画化したり……さらには能や浄瑠璃作品の歌舞伎への移植、歌舞伎狂言の落語化、落語の映画化など、エンタテインメントのあらゆるジャンルで、いかに翻案が頻繁におこなわれて、大きな比重を占めてきたかがわかります。

翻案で作られた新しい著作物を二次的著作物、その土台になった元の著作物を原著作物といいます。たとえば、原作小説に基づいてシナリオを作れば、原作小説が原著作物で、シナリオが二次的著作物です。そのシナリオに基づいて映像作品を作れば、それはシナリオの二次的著作物です。

〈原著作物と二次的著作物の連鎖〉

原作→シナリオ→映像作品→TVゲーム

それでは、たとえば完成した映画をＤＶＤ化して販売しようという企画がもちあがったとします。これは映画の著作物の複製です。ですから、ＤＶＤを作るには著作権者の許可をもらう必要があります。では、誰から許可をもらえばよいでしょうか。映画の著作権を持っている人でしょうか。それともシナリオの著作権を持っている人でしょうか。

いうまでもなく、映画の著作物を複製するのですから、映画の著作権者の許可が必要です。しかし、それだけではありません。映画には、下敷きになったシナリオの創作的表現も使われていますね。ですからＤＶＤ化には原著作物であるシナリオの権利者、つまりシナリオライターの許可も必要です。さらに、シナリオが原作小説を元に作られているなら、原作小説の著作権者、つまり小説家の許可も必要です。実に三者からの了解が必要です。これを長い名前ですが「二次的著作物の利用に関する原著作者の権利」と呼びます。

ずいぶんさまざまな権利が出てきました。このように多くの権利から成り立っている集合体の総称が著作権で、よく「権利の束」などといわれます。

2　権利保護の条件

著作物には著作権という権利が認められており、それはさまざまな利用について禁止できる権利であることがわかりました。では、いったいどういう手続きをとれば、著作権は守られるようになるのでしょうか。答は、「何もいらない」です。なんの手続きも必要なく、ただ作品を創造すれば、その瞬間から著作権はほぼ全世界で保護されるようになります。

「©マーク」は必要か

映画や書籍など、著作物にはよく「© FUKUI Kensaku 2005」などと英文の小さな文字が記載されています。これを著作権表示といいます。この著作権表示は、著作権を守ってもらうために必要でしょうか。必要ではありません。

かつて世界の一部の国では、著作権表示なしで作品を発行すると、その瞬間に著作権フリーになってしまう――つまり、著作権が消えてしまう――ということがありました。著作権が消えた状態のことを「パブリック・ドメイン」といいますが、著作権表示をしないと、作品がパブリック・ドメインになってしまったのです。たとえば、アメリカなどの国がそうでした。

日本は古くからベルヌ条約という著作権保護の国際的な条約に加盟しており、条約の規定に従い、著作権表示がなくても、著作物を創作すれば当然に著作権は守られる国でした。そして、例外だったアメリカも、とうとう一九八九年にベルヌ条約に加盟して、今では著作権表示がなくても著作権は守られる国になりました。現在、世界のほとんどの国では、著作権表示がなくても著作権は当然に保護されるルールになっています。

では、どうして今でも作品には習慣のように著作権表示を付けるのでしょう。第一には「この作品には著作権があります。権利者は○○です」という警告や告知の意味合いがあるでしょう。加えてこれまでの習慣もあり、ほとんどの作品には今でも著作権表示が付けられています。本書にも筆者の著作権表示があるはずですから、お暇なときに探してみてください。

ここで著作権表示の正当な書き方を紹介しておきましょう。「©のマーク、著作権者の名前、作品の発行年度」の三つの要素が必要です。©は「コピーライト（copyright）」を意味します。著作者の名前ではなく、現在、著作権を持っている著作権者の名前を書くので、注意してください。

ですから、著作権者が大勢いる場合には、ここにたくさんの名前が並ぶことになります。これを「著作権の共有」といいます。最近、日本では、映画を代表格に共同製作が盛んで、多数の関係者で資金を出し合って作品を作ることが多くなりました。スタジオジブリの宮崎駿監督作品『千と千尋の神隠し』は、七社共同製作でした。こういう場合やその他さまざまな事情で、©の後に名前がずらりと並んだりします。

もっとも、そもそも警告表示でしかないので、正当な書き方をしなければならないという規則はありません。ディズニーなど、発行年度は省いて「© Disney」とだけ記載している例も見られます。

登録は必要か

著作権には登録制度もあり、たとえば、匿名の作品について「実は創作者です」といって、文化庁の著作権課で登録することもできます（ソフトウェアは別団体）。ただし、登録も著作権が守られるための条件ではありません。そのせいもあり、現在、登録する人は必ずしも多数派ではないようです（「対抗要件」といって、著作権の譲渡などを受けた場合には、登録しておいた方が安全な場合があります）。

3　「著作者」と「著作権者」

前述したように、著作権はその作品を作った人に与えられるのが原則です。「はじめに」でも書きましたが、この著作物の創作者のことを「著作者」といい、著作権を持っている人を一文字違いで「著作権者」といいます。後で述べる映画などの例外を除けば、どんな作品も最初の瞬間は、著作者が著作権を持っています。つまり、著作者＝著作権者です。

ところが、この著作権は財産の一種ですから、自由に他人に譲渡することができます。個人にも譲渡できますし、法人などの団体にも譲渡できます。そうすると、著作権は著作者から他人の手に移ります。つまり、新しい持ち主が「著作権者」になります。そのとき「著作者」はどうなるかといえば、これは変わりません。作品を作った人が永久に著作者で、ここで著作者と著作権者が別々になります。英語では、著作者を作家という意味で「オーサー」と呼び、著作権者を持ち主という意味で「オーナー」と呼んだりします。

著作権は複製権や上演権といったさまざまな権利の束ですが、このばらばらな権利ごとに譲渡することもできます。たとえば、ある小説を海外の映画会社が映画化したい、つまり翻案したいと申し込んできた場合、それでは映画化という形の翻案権だけ譲渡して、それ以外の著作権は原作の小説家に残しますという譲渡の仕方もあります。この場合は、著作権がふたつに分かれて、著作権者が二者になります。

そのほか、地域を分けて譲渡したり、期間を区切って譲渡することもできます。音楽出版社というビジネスがあって、彼らは音楽の著作権を作詞家・作曲家から委ねられて管理するのですが、多くは十年間など期間を区切って著作権の譲渡を受けています。期間が終わりますと、権利は元の作詞家・作曲家に戻ります。

以上は、著作権を人に譲ってしまう例ですが、著作権を譲るのでなく「誰かが使うのを許可してあげる」形はもっと一般的です。たとえば、筆者が発表した論文には、筆者に複製権がありますから、他人がそれを出版という形で複製しようとすれば、禁止できます。ただし、禁止する代わりに出版を許可することもできます。これを「許諾」とか「ライセンス」ということは、前に述べました。権利は自分で持ったまま、相手の一定の利用を許す、というものです。

このように、他人の作品を利用したい場合、より簡単で一般的な方法は、単に許可をもらうことです。もちろん、許可を受ける代償として支払いをするケースも少なくありません。これは「使用料」とか「ライセンス料」と呼ばれます。こういう許可の期間やさまざまな条件を記載した契約を「ライセンス契約」とか「許諾契約」といいます。エンタテインメント業界において、このライセンス契約は、最も頻繁に登場する基本的な契約のタイプです。先ほど挙げた本の出版契約もライセンス契約ですし、映画を全国の映画館で公開するための配給契約も、つまりは映画の配給についてのライセンス契約です。

ところで、エンタテインメント業界ではときおり「著作権をとる」という言い方を聞きますが、これは著作権の譲渡を受けたいのか、単に許可をもらいたいのか、はっきりしない言い方です。言っている本人にも区別がついていない場合が少なくなく、著作権の譲渡を受けたつもりだったのに、相手は単に一回許可しただけのつもりだったというトラブルもあります。著作権はときにそれを扱う現場でも不十分にしか理解されていない場合がありますが、これなどはそういった例のひとつでしょう。

ライセンスのうちで、「君以外の誰にも許可しないよ」と権利者が約束したものを「独占的ライセンス」といい、「君にも許可するけれど、ほかの人にも許可するかもしれない」というものを「非独占的ライセンス」といいます。もし独占的ライセンスの期間が非常に長くて、地域も無限定で、特にほかに限定的な条件も付いていない場合には、著作権の譲渡にかなり近づきます。つまり、ある作品の独占的ライセンスを長期にわたって受けてしまえば、理論的には自分以外にその作品を利用できる人はいません。すると、実態としては、著作権の譲渡を受けることと似ているというわけです。

作品を創作した人は、通常、生身の個人ですから、著作者であり、最初の著作権者になるのは、そういう個人です。会社のような「法人」は、こういう個人のクリエイターから著作権の譲渡を受けた場合に、はじめて著作権者になるのが原則です。ところが、このルールには例外があって、映画の著作物の場合には、著作権法の規定で、一般的なケースでは映画の著作権は自動的に製作者に集まることになっています。製作者は個人でもいいのですが、通常は映画製作を企画して資金を負担した者ですから、プロダクションなどになります。

もうひとつの例外として、法人自体がイニシアティブをとって、従業員が業務として作品を作って、それが法人名義で発表された場合などは、「法人著作」とか「職務著作」といって、法人自体が著作者であると認められる場合があります。これは、一回生まれた著作権が後で法人に譲渡されるのではなく、最初から法人が著作者かつ著作権者だと認められるケースです。ちょっと複雑な話ですから、本書ではここで触れる程度にしておきましょう。

4　著作者人格権とは

さて、著作者が著作権を他人に譲渡してしまった場合、著作権は当然、新しいオーナーのものになります。ですから、たとえば作品の録音・録画の許可、放送の許可などは著作権者である新オーナーが決めることです。

そのとき、著作者にはなんの権利も残らないかといえば、実はすべての著作権を他人に譲渡した後でも、作者として最低限の権利、人にはどうしても譲れない最低限の権利があり、これは著作者に残ります。作者の人格的な権利ということで、「著作者人格権」と呼びます。広い意味では著作権に含まれますが、通常は譲渡できる著作権と譲渡できない著作者人格権というように区別して使います。著作者人格権は譲渡できません。譲渡する約束をしても無効です。放棄もできないと考えられています。よく、著作者の一身専属権といわれます。

これは人格にかかわる最低限の権利ですから、ある意味、当然のものばかりです。表にすると、次のページのようになります。

著作者人格権に含まれる権利

公表権
未公表の自分の著作物を公表するかしないか、また、いつ、どのような形で公表するかを決定ができる権利。

氏名表示権
自分の著作物を公表するときに、（匿名を含めて）どういう著作者名を表示するかを決定できる権利。

同一性保持権
自分の著作物の内容や題名を意思に反して勝手に改変されない権利。

（名誉・声望保持権）
著作者の名誉等を害する方法で著作物を利用する行為も人格権の侵害とみなされる。

「公表権」は、未公表の作品を勝手に公表しないでほしいといえる権利です。たとえば、手紙は内容が創作的なものであるならば立派な著作物ですが、通常は受取人しか見ないものですから、未公表だと考えられます。作家の三島由紀夫との生前の書簡を、受取人の方が『三島由紀夫――剣と寒紅』という書籍に掲載して出版したことがあります。これは無断で出版するという意味で複製権の侵害であり、同時に著作者人格権としての公表権の侵害であると裁判所に判断されました。

著作者人格権のなかで最も登場回数が多いのは、「氏名表示権」かもしれません。たとえば、あるマンガの著作権をハリウッドの映画会社にすべて譲渡したとします。だから、原作のマンガに基づいてアニメ化するのも、実写で映画化するのも映画会社の自由です。そのとき、「原作者の名前はきちんと入れてほしい」とクレジット表記を要求できる権利です。いくら著作権をすべて譲渡したといっても、別人の名前で公表するのはやめてほしいと要求できる権利です。これは当然ですね。

ところが、ここで念頭に浮かぶのが、ゴーストライターの存在です。現在でも時折、非常に多忙な作家とか、人気はあるけれど文才はない、いや文才はあるのかもしれないけれど書く時間がない有名人など、他人に代筆してもらって、自分の名前で公表することがあるようです。こうしたゴーストライティングの歴史は古く、小説家でリベラシオン紙の記者でもあるエニグによると、アレクサンドル・デュマの『モンテ・クリスト伯』『三銃士』という古典はかなりの部分、オーギュスト・マケという歴史家が書いたものとされます。

筆者は、弁護士としてこれまで二、三回、ゴーストライター契約の作成を依頼されたことがあります。仮にこうした契約書を作るとすれば、「ゴーストライターはエッセイや曲を創作するが、別な人の名前で公表することに同意する」旨を記載することになるでしょう。しかし、氏名表示権は放棄できないでしょうから、この契約書の強制力がどこまで及ぶかは疑問もあります。

このほか、著作者は実名ではなくペンネームで作品を公表してほしいとか、自分の名前は伏せて作品を公表してもらう権利もあります。これも氏名表示権に含まれます。たとえば、ふたりでひとりの「藤子不二雄」として作品を公表したいとか、今後はそれを再びふたりに分けて公表したいというのも自由です。

すさまじく自虐的な、日本人の架空の未来を描いたSFで『家畜人ヤプー』という怪小説がありますが、その作家は沼正三というペンネームで、正体は日本文学上の謎でした。元裁判官で作家の倉田卓次説、三島由紀夫説、なども出ましたが、その後、天野哲夫という作家が本人と名乗られています。この場合、ペンネームを貫くのも氏名表示権ですし、今後は本名で出版したいというのも氏名表示権です。

最後に、「同一性保持権」という難解な名前の権利があります。これは、作品を勝手に書き直されないための権利で、たとえば、悲劇的な結末をハッピーエンドに書き直したり、社会の暗部をえぐる映画のきわどいシーンをカットしてしまった場合などに問題になります。著作者の意に反してこういう変更をしますと、同一性保持権の侵害になります。

作品を勝手に作り変えるという意味では、前に出た翻案権との関係が気になります。つまり、翻案権にかかわるなら著作権者（オーナー）の許可が必要ですし、同一性保持権にかかわるなら著作者（オーサー）の許可が必要なはずですが、このふたつの権利の関係をどう考えるかはまだはっきりした通説がない状態です。

ところで、どうして著作者にそんな権利があるのでしょう。なぜなら、作品は作者の分身だからです。分身ですから、意に沿わない書き直しをされたら、感情が傷つきます。また、作者は作品によって社会的に評価されるからだという意見もあります。いくら原作の映画化を了承したからといって、たとえば物語の結末を非常に能天気で安易なものに変えられたら、それは原作者の世界観や創作態度への評価として跳ね返ってきます。こんな単純な解決を用意するなんて、こんな安っぽい台詞をいわせるなんて、なんて底の浅い作者だろう、というわけです。いずれにしても、作者の人格にかかわることですから、作品を作り変える場合には著作者の了解が必要だとしたのが同一性保持権です。

そういう趣旨ですから、どんな変更にも著作者がクレームをつけられるわけではなく、人格にかかわるような変更の場合に限るという意見もあります。でも、現実には、何が人格にかかわるかという判断は難しいこともあり、業界の現場では、作品の変更を伴う場合、おしなべて作者の了解をとろうとする傾向があるようです。

以上が、著作権を誰が持つかにかかわらず、クリエイターに残される著作者人格権です。ある作品が著作物にあたるのならば、そこにはもちろん、これまで説明した著作権と著作者人格権が生まれます。そのための手続きや登録は必要ありません。

第三章　模倣とオリジナルの境界

前章までは、著作物とは何か、その著作物について誰に、どんな権利があるのかを見てきました。要点だけをまとめれば、誰かの著作物について、著作権者の許可なく一定の利用をおこなってはいけないということでした。許可が必要な利用のなかには複製や翻案もありますから、著作権者の了承なく他人の作品を真似てよく似た作品を作ってもいけないことになります。ところが現実の世界では、果たして他人の作品を真似たといえるかどうか、それ自体がしばしば問題になります。これを盗作論争などといいますね。

そこで、この章では、裁判になったケースを含めて、こうした盗作論争をいくつか具体的に見てみましょう。どんな分野でもそうですが、具体例に触れて考えてみると、それまでばらばらに詰め込まれていた無味乾燥な知識が、お互いに生きたつながりを持ってきます。

1　盗作か否か裁判で争われたケース

スイカ写真事件

最初はこの作品です。

原告の作品『みずみずしいすいか』（東京高裁2001年６月21日判決より）

カタログに掲載出版された被告の写真（上記判決より）

スイカ写真事件。見た通り、そのままの事件名で一般に呼ばれています。

前ページ写真の上の方が、あるプロの写真家の方の作品で、タイトルは『みずみずしいすいか』です。なんだかＮＨＫの『きょうの料理』に登場しそうな、おいしそうなスイカですね。実際、『きょうの料理』のテキストに掲載されたのです。この『みずみずしいすいか』が発表された数年後、別な写真家の方が撮影してカタログに掲載出版されたのが、その下の写真です。カラーでお見せできないのが残念ですが、元の写真ではスイカは（当たり前ですが）どちらも赤と緑で、背景はちょっとグラデーションのかかった青です。

いかがでしょう。ふたつの写真を見比べてみて、第一印象としてこれは真似たな、著作権を侵害したな、と思われますか。侵害だと思われる方は、おそらくまずスイカの並べ方がまったく同じだという点を指摘するでしょう。扇形に切ったスイカが六切れ、フットボールみたいな大きいスイカを半分に切って台にした上に、斜めに並べてあります。並べ方の向きは違うけれど、その違うところがかえって怪しいかもしれない。それから青い背景もいっしょです。後ろにいくつもスイカが並べてあって、ツルみたいなものが絡みついている点も似ています。

上の作品を撮った写真家の方もそう考えたのでしょう。だから裁判になりました。他人の写真を真似て、別な作品に仕立てているから、翻案権の侵害であり、また勝手に作品を改変しているから同一性保持権の侵害である（71・73ページ参照）。原告の訴えに対して、被告の写真家の方はふたつのことを反論しました。ひとつめは、原告の写真など見たことはなかった。だから真似のしようがない。そしてふたつめは、両者の写真は著作権侵害になるほどは似ていない。こう反論したのです。

これはとてもオーソドックスな反論です。つまり、見ていないし、似ていないという。法律的には、どちらかひとつでも通れば、被告は裁判で勝てます。著作権侵害とは、①他人の著作物を見るなり聞くなりした人がそれを真似て（「依拠性」）、②まったく同じかよく似た作品を作ったり、利用した（「類似性」）ときに成立するのです。

仮に他人の作品にどれだけ似ていても、肝心のオリジナル作品のことを知らない方が作ったのなら、それは著作権侵害ではなく、単なる偶然です。つまり、「依拠」がない。これを、「偶然の符合」などといいます。

他方、いくら他人の作品を見て、あるいは聞いて参考にして作っても、結果として似ていない作品ができた場合には、もちろん著作権侵害ではありません。単に参考にしただけのことです。つまり、「類似性」がない。問題は、ではどの程度似ていたら類似なのかということですが、それをこれからいっしょに考えてみたいと思います。

スイカ写真事件の被告は、原告の写真を見ていないし、似てもいないと反論しました。見ていないという点は後で考えるとして、似ていないというのはどうでしょう。似ていますね、一見すると。ところが、被告は、「被写体の配置はともかく、ライティング、露出、シャッター速度など、写真技術上の工夫は似ていない。そして、このスイカの並べ方というのは単なるアイディアだし、いわば定石の範囲を出るものではない」という趣旨の反論を展開しました。

スイカの並べ方についての反論を勝手に補足すれば、「スイカが扇形で斜めに置いてあると悪いというのか。では何形に切ればいいんだ」ということでしょう。スイカの切り方というのは、あれは筆者が知る限り二種類しかありません。半月形か、扇形です。試したことはありませんが、輪切りでは食べにくいはずです。そして、扇形のスイカをきれいに並べようとしたら、これは斜めに少しずらして置くのが普通でしょう。まっすぐ置いたら全部つながって見えてしまいます。フルーツを横から切って台にするのだって、よくとられる方法ではあります。背景の空が青なのも当たり前です。これで空が緑なら少しは珍しいですが、それではスイカの皮と区別がつかなくなってしまいます。

これは反論の筋としては悪くありません。というのは、前に述べた通り、ありふれた表現は著作物ではないからです。別な言い方をすれば、ある作品のなかでもありふれた部分は著作物としては守られないので真似るのは自由です。ということは、ありふれた部分しか似ていないなら、そのふたつの作品は類似とはいわないということです。両作品の具体的な表現ではなく、アイディアだけが似ている場合も同じです。

実際、広告業界のクリエイターの方ばかりを集めて著作権のレクチャーをおこなった際に意見を伺ったら、この被告の写真は著作権侵害ではないという意見がほとんどでした。「この程度似ている作品ならばいくらでもある。これで侵害だというのなら、われわれはもう仕事ができない」というような意見も出ました。

これは、たしかに考えなくてはいけないことです。後ほど詳しく説明しますが、著作権は、原則として作者の死後七十年間にわたって守られます。つまり、仮に三十歳のときに作った作品で、その作者が八十歳で亡くなったとすると、生前五十年、死後七十年で、合計百二十年も守られることになる。この被告の写真が侵害だというのなら、つまり、原告の写真を見たことがある人は誰も、今後百年以上にわたって、許可を受けない限り、この程度似ている写真を撮ることは許されないということです。現存するすべての写真にその考え方が適用されたら、作ってはいけない作品ばかりになってしまうのではないだろうか。それが、先ほどのクリエイターの方々の危惧でしょう。「作品が作れなくならないか」という問題は、本書を貫くテーマのひとつですから、これからもくり返し出てきます。

いかがですか。みなさんの意見では、この程度似ている写真はアウトでしょうか、セーフでしょうか。

さて、実際の裁判では、似ているかどうかだけではなくて、先ほども述べた通り、被告が原告の写真を真似た（依拠した）かどうかも争点になります。原告の写真とは無関係に創作したならば、どんなに似ていてもそれは偶然だから侵害ではありません。「偶然の符合」ですね。被告はおおむね、「原告の写真なんて見たことはなかった。自分の写真は、スイカの写真を撮るために、スイカ畑に行ったところ、たまたま細長いスイカを見つけて、その場で着想して撮影したのだ」という趣旨の説明をしました。

原告の作品を真似たかどうかというのは、被告が否定した場合、本当に証明しようとしたらかなり難しいです。被告が原告の写真を横に置いて、ふんふんといいながら自分の写真を撮っているところを、別の誰かが目撃したとか、そこまで行かないと厳密には証明とはいえないかもしれません。しかしそんな証明はほとんど不可能だから、通常の裁判では、状況証拠的に見ます。たとえば、見ることができた、聞くことができたという状況や蓋然性があれば、真似ることはできただろうという「一応の証拠」にして、逆に被告の方が「見ていない」「聞いていない」という反証をしない限りは依拠性を認める、といった方法です。

では、見ることができた、聞くことができた状況とは何かといえば、これも考え方は割とまちまちです。たとえば、爆発的に大ヒットしたコマーシャルソングや流行歌ならば、おそらく日本人の多くが聞いていた蓋然性は高いでしょう。他方、たとえば海外の美術展に出品されたアート作品で、雑誌やインターネットで紹介されたことがないものならば、その展覧会に行っていない日本のアーティストが作品を知っていた可能性はかなり低くなるでしょう。

しかし、たいていのケースはそこまではっきりしてはいません。見る機会や聞く機会があったかといえば、普通に生活していて頻繁に見かけるものではない。しかし、機会がなかったとも言い切れなくて、偶然見たかもしれない。こういうケースがほとんどでしょう。スイカ写真だってそうです。誰もが見る写真かといえば、おそらくそうではありません。しかし、こうした写真の分野で活動する人ならば、見ていた可能性はあるでしょう。

ですから結局、状況全体を考えて、見る機会や蓋然性はあったのか、あるいは見ていないという被告の説明は信用できるのか、を判断していくことになります。

この事件では、被告は原告の写真を見たことはなくて、ただ現場のスイカ畑で着想して自分の写真を撮ったと説明しました。つまり、似ていたとしても偶然であって、真似したわけではないと。ところが、ある事実を指摘されて、この説明に若干疑問符が付きました。というのは、被告の写真で扇形のスイカの台になっているだ円形の物体、これは実はスイカではないんです。一見スイカのように見えるけれどもスイカではない。さてなんでしょうか。

実はこれ、冬瓜《とうがん》なのです。縞がないし、断面の様子が違うでしょう。つまり、被告はスイカ畑で細長いスイカを借りてきたというけれど、スイカ畑に冬瓜があったのか、という疑問が浮上しました。

こうした事情もあって、二審である東京高裁は、スイカ畑で着想したという被告の説明を採用せず、その他の事情も考慮して、おそらく被告は原告の写真を参考にしたのだろう、と認めました。つまり、依拠性を認定したのです。そのうえで、両作品の類似性も認め、二〇〇一年、この裁判は一審で敗訴していた原告が逆転勝訴しました。勝訴はしましたが、こうした写真の構図は創作的な表現か、あるいは定石的な、ありふれた表現かという問題を提起しました。

『どこまでも行こう』事件

似たような論争は、音楽の分野でもありました。これは『どこまでも行こう』事件といって、わが国を代表するふたりの作曲家、小林亜星さんと服部克久さんのあいだで裁判になり、最高裁まで争われた事件です。

服部さんは、『あっぱれさんま大先生』というテレビ番組のエンディングで歌われる『記念樹』という歌を作曲しました。そうしたところ、それが小林さんの約二十七年前のヒットＣＭソング『どこまでも行こう』と似ていると小林さんが抗議し、結局裁判にまでなったケースです。講演でしたら、ここで両方の曲を聴き比べていただくのですが、本書ではそれができないのが残念です。

服部さんは、小林さんの曲を聴いたかどうかは判然とせず、いずれにしても作曲するうえで

『どこまでも行こう』と『記念樹』の楽譜

どこまでも行こう

作曲　小林亜星

記念樹

作曲　服部克久

（東京高裁2002年9月6日判決別紙より作成。歌詞・コード省略）

参考にはしていないと主張しました。つまり「依拠」がないと述べました。ただ、『どこまでも行こう』は全国的にヒットしたCMでしたから、その時期テレビ・ラジオの民放はほとんど視聴しなかったというのでない限り、聞いたこともないとは少々考えづらい。

ふたつの曲は、アレンジがかなり違うので聞いてみて受ける印象は異なります。しかし、メロディラインはかなり似ている。どちらもハ長調に移調して拍子もそろえて、いわゆる主旋律の音の一致度合いを見ると、百二十八音中の九十二音、約七十二パーセントという高い一致率を示しました。

これに対する服部さんの反論は、メロディの全体的印象が違うなど、多岐にわたりましたが、そのなかに、スイカ写真事件の場合と似た反論で、個別のフレーズは慣用的で、ありふれているというものがありました。そこで服部さん側は、『どこまでも行こう』と似ているメロディの具体例をバーっと出していったんですね。たとえば、『どこまでも行こう』のフレーズAとD、「ドレミ——ドシードレド——」は『涙くんさよなら』（浜口庫之助作曲）に似ているとか、フレーズBの「ドドファ——ファファファファソラソ——」は『モーツァルトの子守歌』だとか。

しかし、結局裁判所は、小林さんの曲との七十二パーセントという高い一致率は、二小節のような短いフレーズが似ているのとはレベルが違い、似すぎているという判断をしました。裁

『どこまでも行こう』と『記念樹』のメロディの一致度

・フレーズA「ドレミ――ドシ―ドレド――――――」
・フレーズa「ドレミ――ミレ―レドド――――――」
・フレーズe「ドレミ―――レ――ドド――――――」

・フレーズB「ドドファ――ファファファソラソ――――――」
・フレーズb「ドドファファファファララソ＃ファソ――――――」
・フレーズf「ドドファファファファララソ＃ファソ――――――」

・フレーズC「ソソラ――ソファ―ソラソ――ミド―」
・フレーズc「ソソラ―ラソファ―ソラソソミレド―」
・フレーズg「ソソラ―ラソファ―ソラソ―ミレド―」

・フレーズD「ドレミミ―ドシ―ドレド――――――」
・フレーズd「ドレミ――ドラ―ミ―レ――――――」
・フレーズh「ドレミ――ドレ――ドド――――――」

＊フレーズAからDは『どこまでも行こう』の、フレーズaからhは『記念樹』の、それぞれ移調や音の長さを揃える等した後の音程。
（東京高裁2002年9月6日判決別紙より作成。導音指示等省略）

判所によると、メロディが似ている例として服部さんが挙げた『夏の思い出』（中田喜直作曲）と、ベートーヴェン第九の『歓喜の歌』などの場合でも、一致率はせいぜい四十パーセント程度だそうです。そして、ここまで似ていることが偶然の一致とは考えにくいことも根拠にして、服部さんは小林さんの曲に基づいて（つまり依拠して）『記念樹』を作曲しただろう、と判断しました。『記念樹』は『どこまでも行こう』の編曲にあたることなどが認定されて、小林さんが高裁レベルで逆転勝訴したのです。

このときにも、スイカ写真事件と同じような議論を呼びました。曲というものはある程度、効果的な進行の仕方がパターン化されている。世のなかには何万という曲があるのだから、そのどれにも似ていないなんてことはあり得ない。この程度似ている曲が駄目だというなら、曲作りなんてできなくなる。「もう後は訴えられるかどうかという運の問題じゃないか」というソングライターの方にも会いました。

この裁判にはもうひとつ問題があって、状況的に考えておかしいとおっしゃる方もいました。『どこまでも行こう』はかなり有名な曲ですから、服部さんほどの方がわざと真似をするというのはあり得るのか。つまり、たいていの盗作というのはばれないようにやるものだから、次の章で触れるような意図的な借用でない限りは、有名な作品を借用して大規模に発表するということはしないはずです。有名作から盗作したら、すぐに人々から似ていると指摘されるでしょうし、訴えられるリスクもあります。ですから、普通の神経ならばそういうリスクは犯さないのではないか。

こうした問題に関連して、『どこまでも行こう』事件の高裁判決が言及したのは、服部さんは『どこまでも行こう』を参考にしたのだけれど、「ここまで変われば問題ないだろう。すっかり別な曲になった」と考えていた可能性です。つまり、業界常識的に問題のないレベルだろうと思っていたところ、法律的には許されない領域だった、ということですね。これは、たしかにあり得る話ではあります。

あるいはこれはまったくの想像ですが、服部さんは、仮に『どこまでも行こう』を過去に聴いていたとしても、自分がそのメロディを再現してしまったことに気づいていなかった可能性はないのでしょうか。つまり『どこまでも行こう』を聴いたことは聴いていて、意識下とでもいうか、記憶の奥底にメロディがあった。それが作曲しているときにぽっと浮かんできたが、他人のメロディを思い出したのだとは知らず、自分の着想だと思って使ってしまった可能性です。

現実に、こうした事態は起こるようです。やはり先ほどのソングライターの方に伺ったのですが、メロディが浮かんでも、それが自分の独創なのか、あるいは他人のメロディを思い出したのか判然としないことがある。そういうときには、怪しそうなCDなどをかたっぱしから聴いてみるのだけれど、結局「元ネタ」らしきものが見つからなければ、少し怖いがそのメロディを使ってしまう。そうするしかないじゃないか、とおっしゃるんですね。

ジョージ・ハリスン事件

元ビートルズのジョージ・ハリスンがそういったケースで訴えられたことがあります。彼の代表作で、『オール・シングス・マスト・パス』というアルバムのなかに『マイ・スウィートロード』という曲があります。これがシフォンズという一九六〇年代の女性ボーカルグループの曲で全米ナンバーワンにもなった『ヒーズ・ソー・ファイン』（ロナルド・マック作曲）という曲に、公平に見てメロディが酷似しています。『ヒーズ・ソー・ファイン』は大ヒット曲でハリスンも聴いたことは間違いないし、もう言い訳しようがないほど似ています。

しかし、だからこそ故意にこんなことをするだろうか、と疑問が湧くのです。すぐにばれそうだし、現にすぐに『ヒーズ・ソー・ファイン』の権利者側から訴えられましたから。この際、アメリカの裁判所は、どうもハリスンはシフォンズの曲を使っていることを意識していなかったんじゃないかと考えました。意識下からメロディをひっぱってきて、自分の着想だと思ったのではないかと。

仮にそうだとすれば、本当に著作権侵害なのか、という疑問が浮かんできます。借りたことすら意識していない。無論、悪意はない。それでも侵害といえるのでしょうか。言いかえれば、オリジナルの作家は、他人の意識下に残ったメロディについてまで利用を禁止したり、独占できるのか、という疑問です。

ジョージ・ハリスン事件では、一九七六年の判決で、連邦地裁は「それも著作権侵害のうちだ」という結論を出しました。つまり、意識下に残ったメロディを使っても、著作権侵害になるという判断ですね。ここで筆者が少々引っかかるのは、この場合、本人に過失があるといえるのだろうか、ということです。日本の法律では、故意も過失もなければ、過去に犯してしまった侵害についての損害賠償は成立しません。本人に落ち度がありませんから。しかし、いったんクレームを受けて、実は他人のメロディだったことが判明したからには、過去はともかく今後は著作権者の許可がないと使えない。つまり、ジョージ・ハリスン事件の判断からすれば、少なくとも今後はオリジナル作家の許可がなければ、『記念樹』も『マイ・スウィートロード』も使えない、という結論になるのは間違いないのでしょう。

いかがでしょうか。「翻案権があるから、他人の作品と似た作品を作って利用してはいけない」と言えばひと言ですが、実際には、どこまで似ていたらいけないのか、言いかえればどこまでをオリジナルの作者は独占できるのか。これは大変な難問です。

2　『ウエスト・サイド物語』はシェイクスピアの盗作か

『ロミオとジュリエット』との類似点

写真と音楽のケースを見てきました。次は誰でも知っている舞台劇とミュージカルのケースです。『ロミオとジュリエット』と『ウエスト・サイド物語』。これはご覧になったことのある方も多いでしょう。『ロミオとジュリエット』は、いわずと知れたシェイクスピア悲劇の傑作で、映画化も何度もされていますね。特にオリビア・ハッセーが弱冠十五歳で輝くばかりのジュリエットを演じたフランコ・ゼッフィレッリ監督版の映画は、名手ニーノ・ロータによるテーマソングも大ヒットして有名になりました。『ウエスト・サイド物語』は、これはもうブロードウェイ・ミュージカルの金字塔で、こちらも映画化されてアカデミー賞も十部門で受賞しましたし、『アメリカ』『クール』『トゥナイト』など、もはやスタンダード化した名曲が目白押しです。

この場合、なんとなく似ているとかそういう話ではなくて、実際に『ロミオとジュリエット』は『ウエスト・サイド物語』の原作なのです。振付家のジェローム・ロビンスが作曲家のレナード・バーンスタインに、『ロミオとジュリエット』を現代のニューヨークの物語に置きかえることを提案して、作られたのが、『ウエスト・サイド物語』なんだそうです。ですから似ていて当然なのですが、意外と「原作だよ」と言われないと気づかない方も多いのではないでしょうか。時代も場所も違ううえ、一方は舞台劇で他方はミュージカルですから。では、実際どのくらい似ているのか。アメリカの著作権の第一人者であるデヴィッド・ニンマー教授が、類似点をまとめたことがありますが、次に示すのが、それに筆者が少々加筆した一覧です。

〈ニンマー教授の分類をベースにした、『ロミオとジュリエット』と『ウエスト・サイド物語』の類似点〉

①少年と少女は、対立するふたつのグループに所属している。
②ふたりは、舞踏会（ダンスパーティー）で出会い、ひと目で恋に陥り、キスをする。
③ダンスの後、少年と少女はバルコニー（非常階段）で想いを確かめ合う。
④その翌日、少年と少女はふたりだけで結婚式を挙げる（ふりをする）。
⑤少女には、周囲の決めた婚約者がいる。
⑥グループ同士の抗争のなか、少女の従兄（兄）が少年の親友を殺害する。
⑦それは、少年がふたりを制止しようとしているあいだに起こった。
⑧逆上した少年は、少女の従兄（兄）を殺す。

⑨殺害が原因で、少年は身をかくす。
⑩事件を知った少女は、少年と運命を呪うが、やがて少年との愛を貫く決意をする。
⑪逃亡中の少年は少女の許を訪れ、ふたりは結ばれる。
⑫少年の許に、少女と落ち合う方法を知らせる使者が送られるが、行き違いにより少年にはそのニュースは届かない。
⑬その代わりに少年には、少女が死んだという虚偽の知らせがもたらされる。
⑭この虚偽の知らせが原因となって、少年は死ぬ。

いかがでしょう。たしかにふたつの作品にはかなり共通点がありますね。もっとも、ここにはあえて記載しませんが、相違点も数多くあります。何よりも、シェイクスピアの作品には、『ウエスト・サイド物語』を『ウエスト・サイド物語』たらしめたダンスナンバー、ミュージカルナンバーはありません。そこで、もしも『ロミオとジュリエット』が『ウエスト・サイド物語』のたかだか数十年前の作品で、シェイクスピアの娘か息子が、「うちのウィリアム親父の戯曲を勝手にミュージカルにしたのは許せない！」と訴えを起こしたらどうなるでしょう。『ウエスト・サイド物語』が無許可で作られていたとしたら、果たして著作権侵害でしょうか。

筆者はこの題材が好きで、これまで何度も、講演や大学の講義で「模擬裁判」というものを受講者にしていただいたことがあります。つまり、原告はシェイクスピア側で、被告は『ウエスト・サイド物語』側として、果たして著作権侵害になるのかという題材で仮想の裁判をおこなうのです。そうすると、必ずといっていいほど、参加者の意見は二分されます。それだけ微妙なケースだということですね。

たいてい原告の言い分はシンプルで、「似すぎている」ということです。たしかに時間的・場所的設定は異なるし、物語の詳細や個別のシーンは違う。しかし、肝心の物語の骨格は要するにいっしょではないか。この骨格が素晴らしいのであって、これさえ使えばプロの作家なら誰だって別の時代や場所に置きかえておもしろい話を書けるはずだ。たしかに『ウエスト・サイド物語』は歌もダンスも文句なく素晴らしい。しかし、だからといって他人の物語を無断で借りていいことにはならないだろう、ということでしょう。

みずからも剽窃者《ひょうせつしゃ》と呼ばれたシェイクスピア

他方、被告側の反論はいろいろあります。おそらく、本書をここまで読んだ方ならば、そういった反論をいくつか挙げることもできるでしょう。たとえば、「物語の骨格といっても、ここで挙げられた程度の類似点ならばアイディアにすぎないのではないか。そんなに細かいストーリーまで似ているわけじゃない。アイディアは著作物ではないから借用自由のはずだ」などです。

さらに、少し調べるとシェイクスピア側には不利な事実が出てきます。それは、「種本」の存在です。『ロミオとジュリエット』には、ストーリーがきわめてよく似た種本があるのです。それは、アーサー・ブルックという作家がシェイクスピアより三十年ほど前に発表した『ロミアスとジュリエットの悲劇物語』という長大な詩物語です。少し長いですが、そのストーリーを次にまとめてみましょう。


〈ブルックの詩物語とシェイクスピアの戯曲に共通するストーリー〉

ヴェローナの町では、キャプレット家とモンタギュー家という両家が敵対している。モンタギューの息子ロミアス（ロミオ）は友人に誘われ、仮装してキャプレット家の宴会に紛れ込む。そこでロミアスはキャプレットの娘ジュリエットと出会い、ふたりは一瞬で恋に陥る。ロミアスは、その夜キャプレット家の庭に忍び込み、ふたりは愛を確かめ合う。ロレンツォ（ロレンス）修道士の仲立ちで秘かにジュリエットと結婚式を挙げたロミアスは、その直後キャプレット家のティボルトとの喧嘩に巻き込まれ、逆上してティボルトを殺す。その結果ロミアスはヴェローナから追放される。キャプレットは、ジュリエットの意向を無視して貴族パリスとの縁談を進める。ジュリエットに助けを求められたロレンツォ修道士は、仮死状態になる薬を飲み、死者として墓所に安置され、目覚めた後ロミアスと駆け落ちするという策を講ずる。翌日、キャプレット家の面々はジュリエットが急死したと思い込み葬儀をとりおこなう。真実を伝えるロレンツォの伝言はマンチュアにいるロミアスには伝わらず、ジュリエットの死のみが伝えられる。ロミアスは悲嘆のあまり、貧しい薬屋（薬剤師）から毒薬を買い求め、ジュリエットの眠る墓所に向かい、彼女の後を追って毒を飲む。間もなく、ジュリエットが目を覚ます。事の成り行きに驚愕《きょうがく》したロレンツォ修道士が逃走した後、ジュリエットもロミアスの短剣を使って自害する。

うーん、似ているといったレベルではなくて、同じ話ですね。無論、形式は詩と戯曲で異なっていますし、作品から受ける印象はずいぶん違いますが、ストーリーという意味ではほとんどいっしょといっていいでしょう。少なくとも、『ウエスト・サイド物語』が借りた骨格部分は、ほぼブルック版で出来上がっています。どうも、『ウエスト・サイド物語』が依拠した部分は、シェイクスピアの独創と呼ぶのは無理なようです。シェイクスピアの独創でない以上、少なくともシェイクスピアは何かいえる立場にはなく、原告にはなれそうもありません。

しかも、このブルックの詩にもまた種本があって、十六世紀のイタリアの聖職者で軍人でもあったマッテオ・バンデッロという人物が書いた散文物語を、ブルックが移植したのですが、バンデッロにもまた種本があって……。つまり、代々翻案されつづけてきた作品なのです。著作権法のないころのこととて、こういう例は珍しくもなかったのでしょう。シェイクスピアなどは、いくつかの例外を除いてほとんどの作品に種本が見つかっています。

翻案が珍しくない時代とはいっても、同時代の方から借用するのはあまりほめられたことではなかったらしく、シェイクスピアは生前、少なくとも一部の人からは盗作を批判されていたようです。同時代の劇作家で、ロバート・グリーンという人物が死の床で書いた文章で、「われわれの羽毛で着飾った、成り上がりのカラス」として攻撃されている人物がいるのですが、それはシェイクスピアのことだ、といわれています。「われわれの羽毛で着飾った」という表現は、つまり「他人の作品を使っている＝盗作・剽窃」を指しているようです。

どうでしょう。こう見てくると、『ロミオとジュリエット』と『ウエスト・サイド物語』のケースは、少しシェイクスピアに分が悪そうですね。ただ、筆者はこの件では忘れられないエピソードがあって、本書の最後でもう一度シェイクスピアに戻って、そのエピソードを紹介したいと思います。

3　ディズニー『ライオン・キング』をめぐる論争から

指摘された『ジャングル大帝』との類似点

ご紹介した『ウエスト・サイド物語』の場合は、純然たる学術的興味の対象ですが、実際に社会的に大きな論争になって、それでも決着がついていない問題もあります。次は、ディズニー映画『ライオン・キング』をめぐる論争を紹介しましょう。

ご存知の通り、『ライオン・キング』は、一九九四年に公開されるや全世界で大ヒットし、二〇一〇年までディズニーアニメ歴代一位の興行収入を誇った長篇アニメ映画です。

その後、ミュージカル舞台化もされ、ブロードウェイでは、『ラグタイム』とその年のトニー賞最優秀ミュージカル作品賞を争い、見事これを制しました（ほか五部門受賞）。授賞式で再現された、ジュリー・テイモア演出による冒頭「サークル・オブ・ライフ」のシーンはまさに圧巻で、全米中継されて人々にまったく新しいミュージカルの出現を印象づけました。日本でも、劇団四季がロングランを記録しつづけていることはご存知の通りです。

ところが、この『ライオン・キング』については、公開前後から、手塚治虫のマンガ及び同氏原作のアニメ作品である『ジャングル大帝』と似ている、との指摘がアメリカのアニメファンやマスコミから提起され、かなりの論争に発展しました。日本でも、マンガ家の里中満智子さんら四百五十名以上の方々が抗議の手紙をディズニーに送付して話題になっています。ただ、肝心の手塚プロダクションが、「もし本当に手塚作品に影響を受けたものであれば、これまで欧米文化に影響を受けてきた日本が、逆に影響を与える側になれたということで、素晴らしいことだと思う」という声明を出したため、一気に沈静化したのでした。

この両作品、いったいどのくらい似ているというのでしょうか。

問題となった両作品の類似点

〈アメリカでの報道を中心にまとめた『ジャングル大帝』(マンガもしくはアニメ)と『ライオン・キング』の類似点〉

①ジャングル(サバンナ)の王であった英雄的な父ライオンの悲劇的な死をきっかけに、息子である少年ライオンが流浪と成長の末、父の王国へ帰還してライバルである雄ライオンを倒して王となるストーリーが共通。

②『ジャングル大帝』アメリカTV版の主人公の名はキンバ、『ライオン・キング』の主人公の名はシンバ(ただし「シンバ」はスワヒリ語でライオンの意味)。

③主人公を導く長老的な役回りのヒヒ(またはマンドリル)が登場する。

④主人公の友達として愛嬌ある二匹の動物が登場する。

⑤腰ぎんちゃく的なおしゃべりな鳥が登場する。

⑥『ジャングル大帝』の悪役は、黒髪の、左目が不自由なライオン(『ライオン・キング』

では、黒髪の、左目に傷のあるライオン)。

⑦悪役の子分として、ハイエナの二人組(『ライオン・キング』では三人組)が登場する。

⑧主人公の幼馴染の雌ライオンが登場、成人して主人公の妻となる。

⑨王国を離れた主人公の許をこの雌ライオンが偶然訪れ、戻って王国を守るよう説得するシーンがある。

⑩冒頭、さまざまな動物が大挙してサバンナを進む(集まる)シーンがある。

⑪同じく、多数のフラミンゴがサバンナ上空を飛ぶシーンがある。

⑫王となった主人公が、高い岩の上に立つシーンがある。

⑬死んだ父が、雲となって主人公の前に現れるシーンがある。

なるほど、たしかに手塚ファンが躍起になるのもうなずけるような気がします。ストーリーが似ていて、登場するキャラクターが似ていて、シーンが似ている、というわけですね。

ディズニー側の反論

さて、こうしたさまざまな指摘に対して、ディズニー側の見解は、「当社は『ジャングル大帝』なるアニメーションの存在は知らなかった」というものでした。前にご紹介した通り、こ

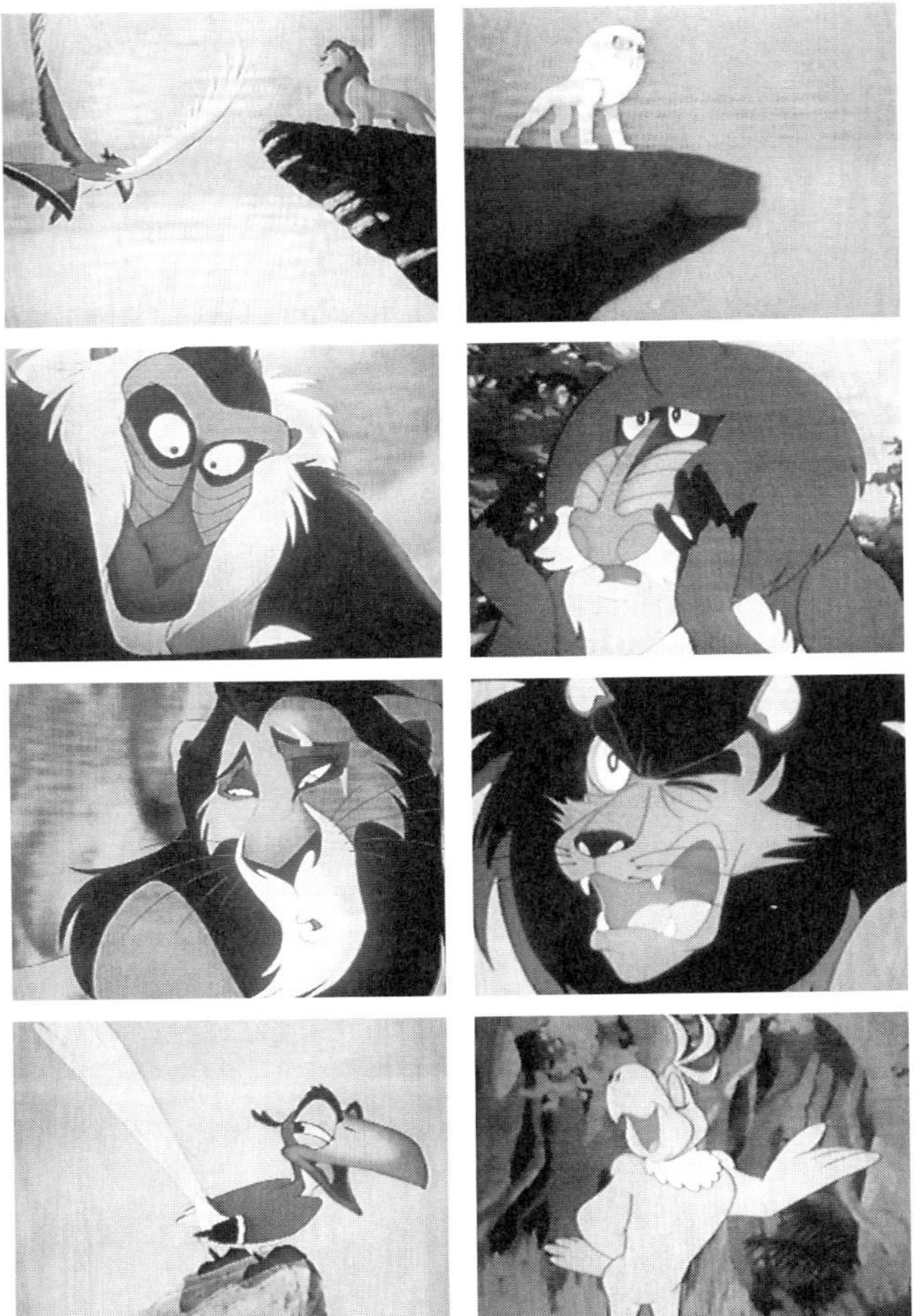

左：映画『ライオン・キング』（ウォルト・ディズニー製作、ブエナ・ビスタ・ホーム・エンターテイメント社ビデオより）、右：ＴＶアニメ『ジャングル大帝』（虫プロダクション・山本暎一製作、ポニー社ビデオより）

れは著作権侵害の論争では、オーソドックスな反論です。つまり、そもそも見ていないならば、どんなに似ていてもそれは「偶然の符合」であって、問題ありません。

ここで指摘されたのが、この『ジャングル大帝』は、一九六〇年代、*Kimba The White Lion* というタイトルで全米放映され、その後再放送もされていたという事実です。しかも、その後、ヴェネチア国際映画祭でサンマルコ銀獅子賞を受賞しています。ヴェネチア国際映画祭といえば世界三大映画祭のひとつですから、『ジャングル大帝』はアニメーションとしては国際的にかなり知られた作品であったと考えてよいでしょう。

しかも、全米放送された六〇年代といえば、ちょうどディズニー社の中核スタッフにとっては少年時代にあたるのだから、誰も知らなかったということはないだろう、とも指摘されました。その後のマスコミ報道では、「サンフランシスコ・クロニクル」紙が連絡をとった八名のスタッフのうち三名までが『ジャングル大帝』を知っていたことを認めたことになっています。

さて、仮にディズニーのスタッフの何人かは『ジャングル大帝』を知っていたとして、次なる問題は、両作品はそんなに似ているのか、ということです。これは、少し考えてみただけで、さながら著作権侵害論の初級テキストにでもなりそうなほど、さまざまな検討ポイントが浮かんできます。

まずストーリーが似ている点。これは、たしかに似ていなくもないけれど、それほど細部にわたって似ているわけではありません。また、ご紹介したストーリーの類似箇所は、『ジャングル大帝』ではあくまでも重層的、壮大な構造を持つ大河マンガのほんの一部にすぎません。特に、両作品の決定的な違いはそのテーマにあります。『ジャングル大帝』を貫く重要なテーマに、「人間」と「動物」、「文明」と「自然」の対立や関係性がありますが、『ライオン・キング』にはそもそも人間はまったく登場せず、文明とのかかわりという要素は表面上は皆無です。後者はほぼ一貫して、過去と対決し運命を切り開こうとする主人公シンバの成長を軸に展開される物語です。

しかも、ディズニー側は、『ライオン・キング』の下敷きというか、着想の元になった作品は別にある、と説明しました。そのひとつは、かのディズニーの名作映画『バンビ』です。たしかに、『バンビ』でも、父親が森の王様で、バンビは王子ですね。そして、こちらは父親ではなくて、母親が、人間からバンビを救おうとして撃たれて死んでしまいます。バンビはそれからたくましく成長して、ライバル的な牡鹿を倒し、幼馴染を妻として、そして森の新しい王様になるのです。

たしかに、似ています。しかも、『バンビ』にも、主人公の友達でひょうきんな動物が二匹登場します。ウサギの「ストンパー」とスカンクの「フラワー」で、このフラワーにバンビがはじめて出会うシーンは、アニメーション映画史上、最も愛らしいシーンのひとつでしょう。

「長老役」でしかも「しゃべる鳥」というミミズクも登場します。

ちなみに、手塚さんが、生前『バンビ』を映画館で八十回以上見たというほど、『バンビ』を愛した方だったのは有名な話です（念のため付言すれば、マンガ『ジャングル大帝』が執筆されたのは、『バンビ』日本公開の前年の一九五〇年から）。

さらに、ディズニーが下敷きにしたという作品が、もうひとつあります。『ライオン・キング』では、王がその弟に暗殺され、王子は旅に出るけれど、やがて王国に舞い戻って王位を奪った叔父に復讐する。途中、思い悩む王子の前に父王の幻が現れて……。こんな話、ほかにありませんか。

そう、再びシェイクスピアで『ハムレット』です。もっとも『ハムレット』の場合には旅といっても、王子を乗せてイギリスに行くはずだった船が海賊に襲われて、すぐ戻ってきてしまいます。それに、「演劇のスフィンクス」と称されるほどその人物造型が謎に満ちたハムレットと、『ライオン・キング』のシンバは、ちょっとイメージが重なりにくいところもあります。

いずれにしても、これも反論としては相当に強力です。つまり、『ジャングル大帝』と似ているというストーリーは、それより古い『バンビ』と『ハムレット』にすでに存在しているというわけです。そうであれば、手塚さんが独創したものではないから、手塚さんは独占できない。むしろそれは、古くからある物語のプロトタイプ（原型）のひとつであって、誰もが使えるはずのものだ、ともいえるかもしれません。そもそも、『ハムレット』ならば著作権はとうに切れています。

では、ストーリーはそうだとしても、キャラクターが似ている点はどうか。盗作説に立つ側からすると、こんなにキャラクターが似通っているじゃないか、特に「目に傷のある黒髪のライオン」とはなんだ、となります。これが偶然のはずがないだろう。

他方、ディズニー擁護派からすれば、「『ジャングル大帝』のキャラクターは、そんなに独自だろうか」と思えるかもしれません。サバンナの動物なんて、有名なものは種類が限られているし、それぞれに似合った役どころというものがあります。たとえば、マンドリルが賢者の長老で、ハイエナが悪役の手下なのは当たり前だろう。これが反対だったら大変だ。ハイエナが賢者の長老だったら変じゃないか、と筆者なら主張するでしょう。おしゃべりな鳥が取り巻きというのも珍しくない。悪役が黒髪なのも欧米の作品ではありがちなパターンだし、目に傷も然り。つまり、「ありふれた表現は著作物ではないので、そこが似ていても問題ない」という論理です。

こうして見てくると、ディズニー擁護説もそれなりに根拠がありそうです。他方、盗作説の立場からの最大の攻撃材料は、「個別の要素ひとつひとつを見れば、そういう理屈もつけられるだろうけれど、ストーリー・キャラクター・シーンの組み合わせがこれだけ全部似ているのはおかしいだろう」ということになるでしょう。全体を見れば要するに似ているじゃないか、ということです。

『ジャングルの王』

ところで、一九九四年七月十三日付の「ロスアンゼルス・タイムズ」紙には、盗作説に立つ人々の興味を惹きそうな報道がされました。それは、『ライオン・キング』は企画段階では別なタイトルだったというものです。どんなタイトルかといえば『キング・オブ・ザ・ジャングル』、訳すと「ジャングルの王」ですね。『ジャングル大帝』のマンガ版の英語タイトルは『ジャングル・エンペラー』ですから、仮に報道された内容が事実なら、企画当初、ディズニーのタイトルは手塚作品にだいぶ似ていたことになります。

「王様であるライオンが主人公のマンガなら、ジャングルのキングとするのは珍しくもないだろう」と思われる方がいるかもしれません。しかし、これはかなり珍しいのです。ご存知の通り、アフリカライオンはサバンナや岩地の住民で、ジャングルに棲むライオンはいないはずです。そのことは、手塚治虫自身が、『ジャングル大帝』（講談社、一九七七年）の冒頭で次のように書いていました。

ライオンは　ジャングルにはけっして住まない草原のけものだ　だが　ここに　たったひとつ例外があった……

つまり、『ジャングル大帝』は、本来は棲んでいないはずのジャングルに棲んでいる「珍しいライオン」の話なのです。他方の『ライオン・キング』の方の舞台は、サバンナと岩地です。主人公シンバは旅に出てジャングルのような場所にも行きますが、そこで王様になるわけではない。王様になるのは、サバンナに戻ってきてからです。ですから、『ライオン・キング』が本当に最初は『ジャングルの王』という手塚作品と似たタイトルだったとしたら、なぜなのか。気になるところではあります。

このように『ジャングル大帝／ライオン・キング』論争は著作権的にもなかなか興味深い問題を提供してくれますが、当事者の直接論争に発展することはなく、いわば「迷宮入り」してしまいました。

4　さて、正解は？——著作権の存在理由

さて、著作権侵害か、論争になった五つのケースを見てきましたが、どう思われましたか。微妙なケースばかりを挙げましたから当然ですが、どれをとっても講演などで出席者の方の意見を聞くと、クロかシロか、意見が二分されるものばかりです。

もちろん、裁判をおこなえば一応の決着はつきます。しかしそれが、未来永劫変わらない唯一の真理かといえばそんなことはない。現に、裁判所だって一審、二審、最高裁と結論が百八十度違うことはまったく珍しいことではありません。判決が出て確定すれば、法律的にはそれが結論ですが、似たようなケースで数年後にはまったく違う判決が出るかもしれません。また、それを見る人の立場や経験によって、時代によって、与えられた情報によって、意見・結論は違います。

法律問題はたいていそうですが、著作権は特に絶対的回答は出にくいジャンルです。もちろん、誰が見ても明らかに駄目だとか、明らかに大丈夫というものはあります。しかし多くの場合、回答は与えられるものではなく、自分たちで考えて、見出していくほかないのでしょう。人々の闊達な議論が、明日の裁判所の判断にも影響を与えるかもしれません。独創とは何か。模倣とは何か。何が許されるべきで、何が許されないか、かかわるすべての人々がみずから考えて、その時代なりにいちばん正解に近いと思う回答を探していくものだろうと思います。

その際に、判断の基準となるべきはなんでしょうか？　それは、「著作権というものはなんのために、なぜ守られるか」という視点です。法律があるから、というのでは答になりません。法律は多くの人々が賛同できる目的があって、そのために作られるものです。これを立法目的や立法趣旨といいます。みなさん、これまでその内容を見てきた著作権、いったいなんのために存在する権利だと思われますか。

これにはいろいろな意見があって、まず、自分が創作した作品について勝手に真似されたり、利用されないのは当然だから著作権があるのだ、という考え方があります。自然に与えられた権利だというので、「自然権論」などと呼ばれています。

ところが、もうひとつ見逃せない存在理由が著作権にはあるのですね。その目的は、著作権法自体の冒頭、第一条に記載されています。

この法律は、著作物並びに実演、レコード、放送及び有線放送に関し著作者の権利及びこれに隣接する権利を定め、これらの文化的所産の公正な利用に留意しつつ、著作者等の権利の保護を図り、もつて文化の発展に寄与することを目的とする。（著作権法第一条）

「文化の発展に寄与すること」が目的だと謳っています。つまり、著作権法とは文化振興法なのです。人々がよい作品を作りやすい環境を整える、われわれの社会で芸術文化が活き活きと息づくための土台を作る——そのために著作権は存在しているのです。

歴史を振り返っても、著作権は決して古い法律や制度ではありません。先ほど述べた通り、セルバンテスやシェイクスピアの生きた十七世紀やそれ以前には著作権という権利はおおむね存在しませんでした。

十五世紀のグーテンベルクによる活版印刷の発明以後、次第に印刷術が普及して、元の出版業者らが知らないところで作品が出版されることが増えてきたため、無断印刷の取り締まりが必要とされるようにはなっていましたが、それも、最初は出版業者の特許という、今とは違う形で守られていました。やがて、著作者自身に作品の出版や上演をコントロールできる権利を認めるべきだという考えが強まって、「著作権」という概念が生まれたのです。最初の著作権法は十八世紀初頭の「アン女王法」というイギリスの法律ということになっています。

ところで、なぜ、他人の作品を無断で出版したり真似することがいけないのでしょう。無断利用や盗作は作家の心情として許せないということはもちろんその通りですが、それだけではなく、海賊版や盗作を許していると、創作が細るからです。新しい作品を生みだそうという土壌が育ちません。

というのは、第一章で触れた『ドン・キホーテ』の例にあるように、よい作品が生まれるとすぐにその海賊版が出まわる。あるいは、誰かが真似をして模倣作を書く。多くの人々は海賊版でもかまわないから、入手しやすい、安い方を買いますね。そうすると、理論的にはその分オリジナル版の売上げが落ちます。また、真似をして書かれた模倣作が売れる分、オリジナルの売上げが落ちることもあるでしょう。

海賊版や模倣作がいくら売れても、オリジナルの作家や出版社の収入にはまったくならない。ところが、作家や出版社にとっては、書く作品や刊行する作品全部がヒットするわけではありません。失敗作や売れない作品を書きつづけ、あるいは刊行しつづけるなかで、わずかな例外がヒットするのです。本来はそこで、それまでの失敗作や売れなかった作品による損を取り戻す。別な言い方をすれば、ヒット作で稼いで、それで食い繋いでまたヒットするかどうかわからない作品を生みだしていくのです。

ところが、そうした労苦の末にたまたまヒット作が出ても、誰かが海賊版や模倣作で売上げを横取りしてしまったら、たいした蓄えはできないですね。そうした状況では、作品を生みだしつづけるのは難しくなります。むしろ、誰かが新しい視点や感覚でヒット作を生みだすのを待っていて、その海賊版や模倣作を作る方がずっと割がいいという話になりかねません。ここで「今でもそうだろう」という声が聞こえてきそうです。あるいはそうかもしれませんが、そういう「ただ乗り」（フリーライド）が、今よりもっと自由に大っぴらにできるようになる、ということです。

そんな社会では、創作が細るだろう、というのです。それでも作品を生みつづける作家や芸術家は、いるでしょう。しかしそれは、時間もお金もある人々の「特権」か、パトロンに抱えられるか、あるいは命を削って貧困のなかで作品を作りつづけるという意味であり、それだけでは作品を生みだす土壌としては決して理想的とはいえません。

「だから、海賊行為や他人の模倣は違法であるべきだ。そういう目的のために著作権はあるのだ」という考え方があります。人々に作品を生みだすインセンティブを与えようということで、こういった考え方を「インセンティブ論」といいます。つまり、勝手に海賊版や模倣作を作れないようにして、それでオリジナルな作品を創作するクリエイターたちにインセンティブを与え、彼らを育んでいこう、それが著作権の存在理由だ、という考えです。

壮大な社会実験

筆者は「創作へのインセンティブ」という点は著作権の本質的な意義だと考えています。正確にいえば、それは著作権の重大な存在理由であり、しかもいまだに仮説の域を出ていないのだと思っています。ある意味では、私たちの社会は（日本でいえば）百年以上にわたって、著作権という壮大な社会実験を続けているともいえます。

なぜならば、単に作品を作りやすいという意味では、著作権などはない方がはるかにやりやすいともいえるからです。現に、他人の作品を見たり聞いたりすると私たちはイマジネーションを刺激されますね。人によっては、「私は他人の作品から借りたものなんか何もない」と断言できる方もいるかもしれませんが、おそらく多くのクリエイターは、他人の作品をイメージの大きな源泉にして自分の創作活動をおこなっているのではないでしょうか。

他人の作品からアイディアやイメージやモチーフや手法、そのほかさまざまな要素を吸収して、多くの人は自分の作品を作りあげていきます。そのため、「アイディアや着想は自由に使用できる」という原則があることを、第一章で述べました。他方、「アイディア」を超えた具体的な「表現」は著作権で守られていて、権利者の許可をもらわないと使えないことになっている。しかし、考えてみればそんなのは窮屈です。他人の作品からアイディアだけを借りてくるか、表現まで借りる結果になるか、作品を作ってみなければわからない。

だから、著作権など気にせずに、他人の作品から自由に拝借して、組み合わせたり入れ替えたり、少し手直ししたり大きく飛躍したり、制約なしに作品を作れればそれが創作にとっては理想的な環境かもしれません。元々表現活動は自由なはずで、表現の自由は市民社会にとっていちばん根源的な、大切な自由です。その意味では誰が何を表現しようが自由という方が本来で、特定の表現を禁止できる著作権の方が異例な制度といえなくもないのです。

実際、本章で紹介したシェイクスピアばかりでなく、モリエール、スタンダール、近くはピカソやブレヒト、誰もが古今の作品から自由に拝借して、数々の作品を作りあげました。そんなことは、少なくとも十八世紀くらいまでの文学者、芸術家たちはみな多かれ少なかれ、今よりも自由にやっていたのではないか。無論、やりようによっては批判されます。法律的な問題になることもなかったわけではないようです。しかし少なくとも著作権侵害で差止を受けたり、逮捕されたりはしなかった。なぜなら今のような著作権法がなかったからです。

そのなかでシェイクスピアもモリエールも、あれほど矢継ぎ早に傑作を生みだしていきました。見方によっては、彼らは翻案の天才だったといえるでしょう。仮に現代にシェイクスピアが登場しても、もうあの戯曲はほとんど書けません。原作の権利者から翻案の許可が下りないか、高額の権利料を請求されてしまうからです。演劇史上の傑作といわれる戯曲が、著作権法誕生前に書かれていたことは無視できない事実です。

しかし、印刷技術が飛躍的に普及し、作品の複製法や流通網が発達した時代では、自由に創作できるメリットよりも、勝手に海賊版や模倣作を流布されるデメリットの方が大きい。だから、無断の複製や翻案を制限しよう、そうすることが芸術文化を育むはずだ、という前提で著作権は正当性を認められて、その内容は次第に強化されてきたのだと思います。たとえば著作権が保護される期間は、当初はごく短かったものが何倍にも延長されてきました。

万一この前提が間違っていて――つまり実験が失敗して――「著作権があることで芸術文化

はかえって細ってしまった。つまらない作品ばかりになってしまった」ということにでもなれば、著作権は根本から見直さなければならない。少なくとも、より効果的に働くように変革する必要があります。その意味で、筆者は著作権というシステムそのものが、全世界規模の壮大な実験だと思うのです。

第四章　既存作品を自由に利用できる場合

1　さまざまな制限規定

さて、これまでの説明で、著作物とはどういうものであり、それについてどんな権利が働くのか、ひと通りわかっていただけたかと思います。もっとも、既存作品の複製や翻案といえるのかどうか微妙なケースもあって、それについてはクリエイターや利用者のひとりひとりが、どこまでが許されるべきか、考えていく問題であると申しあげました。

さて、それとも通じる問題ですが、著作権法にはいろいろな「制限規定」というものがあります。これは、原則通りにいけば他人の著作物の複製であったりその他の利用であるため、許可が必要なのだけれども、例外的に権利者の許可がなくてもかまわない行為が決められているのです。

前章で述べた通り、著作権というものは社会にとって利益になるように作られた制度のはずですから、著作権を守った結果、かえって社会が混乱するような事態が起きたら、制度自体に問題があることになります。著作物の利用に著作権者の許可がいるといっても、世のなかにはいちいち許可を求めていたらかえって混乱を招きかねないケースもあります。また、社会的に見て、使わせてあげるのが公平だろうというケース。しかも、おそらく、著作権者の方でもたいした迷惑はないだろうという場合があります。

そういうケースについて、著作権法では個別の条件を規定して、それぞれの条件さえ充たせば著作権者の許可がなくても使用できる、と決めています。この「許可がなくても」というところが大切で、許可があればどんな使い方でも可能に決まっています。この制限規定とはおおむね、「ある種の場合には、たとえ著作権者が反対でも使用できるべきだから、一定の条件を充たせば、許可なしで使えるようにしよう」という制度なのです。

ときおり「他人の作品の引用としてこれは許されると思う。ただ、権利者の承諾は必要だろうけれど」という趣旨の発言を耳にします。これはしごく無難な考え方ではありますが、法律的には必ずしも正しい言い方ではありません。権利者の許可があればできるに決まっています。「引用だろうが、借用だろうが、そっくり真似することさえ許可があればできます。「引用として許される」とは本来、許可がなくても、たとえ著作権者の意に沿わなくてもできる場合を指します。

この制限規定は、著作権にとっても、われわれの文化や社会にとっても、非常に大切なもので、最近特に注目されています。現在の著作権法の規定の仕方でいいのだろうかという議論も活発です。それでは、まず今の著作権法には制限規定としてどんなものが挙げられているか、表にしてみましょう（120〜122ページ参照）。

著作権者の許可がいらない場合——著作権の制限規定

私的使用のための複製(著作権法第30条。以下同じ)	個人的・家庭内その他これに準ずる範囲内で使用するために、使用する者が複製できる（翻訳・編曲・変形・翻案も可)。ただし、一定の違法にアップロードされた作品を、そうと知りながらダウンロードする行為などは除かれる。
付随的利用(30条の2)	写真や動画を撮影などする場合、対象物に付随して写り込む著作物などは、軽微なものであれば複製・翻案し、その後複製・翻案物を利用することができる。
検討の過程における利用(30条の3)	著作権者の許諾を得て著作物を利用しようとする場合などに、利用するか否かを社内で検討したり、著作権者から許諾を得ようとするために、その著作物を利用できる。
著作物に表現された思想や感情の享受を目的としない利用(30条の4)	①著作物の利用に関する技術の開発や実用化試験に用いる場合、②情報解析に用いる場合など、表現された思想、感情の享受を目的としない場合に、その著作物を利用できる。
図書館等における複製等(第31条)	政令で認められた図書館等では、非営利事業として一定の条件のもとで、①利用者に提供するための複製、②保存のための複製等を行うことができる（①の場合には翻訳も可)。また国立国会図書館は、所蔵資料をデジタル化し、絶版等資料に関するデジタルデータを他の図書館等に自動公衆送信できる。
引用(第32条)	①公正な慣行に合致し、引用の目的上正当な範囲内であれば、公表された著作物を引用して利用できる。②国・自治体等が一般に周知させるために発行した広報資料等は、転載禁止の表示がされていない限り、説明の材料として新聞その他の刊行物に転載できる（いずれも翻訳も可)。
教科用図書等への掲載(第33条)	学校教育の目的上必要な限度で、公表された著作物を教科書等に掲載できる（翻訳・翻案等も可)。ただし、著作者への通知と著作権者への補償金の支払いが必要となる。なお、弱視の児童・生徒のための教科用拡大図書への複製も一定の条件で許される（第33条の3)
学校教育番組の放送等(第34条)	上記と同様の基準で、学校教育番組において放送・有線放送したり、学校教育番組用の教材に掲載できる（翻訳・翻案等も可)。ただし、著作者への通知と著作権者への補償金の支払いが必要となる。

教育機関における複製等(第35条)	非営利の教育機関で教育を担任する者や学生・生徒は、授業の過程で使用するために必要な限度で、著作物を複製し、公衆送信や公の伝達ができる（翻訳・翻案等も可)。なお、公衆送信（遠隔授業のための同時配信を除く。）を行う場合、補償金の支払いが必要（35条2項)。
試験問題としての複製等(第36条)	入学試験その他の試験・検定に必要な限度で、公表された著作物を複製・公衆送信できる。ただし、営利目的の場合には著作権者への補償金の支払いが必要となり、また、著作権者の利益を不当に害する公衆送信の場合は除く。
視覚障害者のための複製等(第37条)	①著作物を点字によって複製したり、コンピュータ用点字データとして記録(データを入れる)・公衆送信できる（翻訳も可)。②視覚障害者等（肢体不自由者含む）の福祉事業を行う一定の者は、視覚障害者等が必要な方式での複製、その複製物の貸出、譲渡、自動公衆送信ができる(翻訳・翻案等も可)。
聴覚障害者のための複製等(37条の2)	聴覚障害者等の福祉事業を行う一定の者は、著作物を、聴覚障害者等が必要な方式で複製し、公衆送信したり、字幕等を映像に付加して複製、貸し出したりできる(翻訳・翻案も可)。
非営利目的の上演・上映・貸与等(第38条)	①営利を目的とせず、かつ観客から料金を受けない場合は、公表された著作物を上演・演奏・上映・口述できる（ただし、実演家・口述者に報酬が支払われる場合は除く)。また、放送・有線放送される著作物を受信装置を使って公に伝達することができる。②営利を目的とせず、利用者からの料金を受けない場合は、(映画以外の）公表された著作物のコピーを貸与できる（その他の規定あり)。
時事問題に関する論説の転載等(第39条)	新聞・雑誌に掲載された時事問題に関する論説は、利用を禁ずる旨の表示がない限り、他の新聞・雑誌に転載したり、放送・有線放送できる（翻訳も可)。
政治上の演説等の利用(第40条)	①公開の場で行われた政治上の演説・陳述、裁判での公開の陳述は、あるひとりの著作者のものを編集して利用する場合を除いて、方法を問わず利用できる。②国・自治体等で行われた公開の演説・陳述は、報道のために新聞・雑誌に掲載したり、放送・有線放送できる（翻訳も可)。
時事の事件の報道のための利用(第41条)	時事の事件を報道するために、その事件を構成したり事件の過程で見聞される著作物を利用できる（翻訳も可)。
裁判手続等による複製(第42条)	裁判手続上、もしくは立法・行政上の内部資料として、必要な限度で複製できる（翻訳も可)。ただし、著作権者の利益を不当に害する場合は除く。

国立国会図書館法によるインターネット資料等の収集のための複製（第43条）	国立国会図書館は、国や公共団体、民間団体等が公表するインターネット資料等を収集するために必要な限度で、著作物を記録できる。
放送事業者等による一時的固定（第44条）	放送事業者・有線放送事業者は、放送・有線放送することができる著作物を、放送・有線放送のために一時的に録音・録画できる。
美術の著作物等の原作品の所有者による展示（第45条）	美術・写真の著作物の原作品の所有者等は、所有作品を公に展示できる（ただし、美術の著作物を公開された屋外の場所に恒常設置する場合は除く）。
公開の美術の著作物等の利用（第46条）	公開された屋外の場所に恒常設置された美術の著作物や、建築の著作物は、彫刻を増製する等の一定の例外を除いて、方法を問わず利用できる。
美術の著作物等の展示に伴う複製（第47条）	美術・写真の著作物の原作品を適法に展示する者は、観覧者のための解説・紹介用の小冊子に展示著作物を掲載し、解説または紹介のために上映・自動公衆送信できる。こうした展示者等は、所在情報を公衆に提供するために展示著作物を複製・公衆送信できる。
美術著作物等の譲渡等の申し出に伴う複製等（47条の2）	美術品や写真をインターネットオークションや通信販売等で取引する際に、その商品画像を複製・公衆送信できる。
プログラムの著作物の複製物の所有者による複製等（47条の3）	プログラムの著作物のコピーの所有者は、自らコンピュータで実行するために必要な限度で複製・翻案できる。
コンピュータでの著作物の利用に付随する利用等（47条の4）	①キャッシュのための複製、②送信障害防止等のための複製など、コンピュータにおける利用を円滑・効率的に行うために当該利用に付随して、必要な限度で著作物を利用できる（1項）。 ①複製機器の保守・修理・交換のための一時的複製、②サーバの滅失等に備えたバックアップなど、コンピュータにおける利用を行うことができる状態の維持・回復を目的とする場合には、必要な限度で著作物を利用できる（2項）。
コンピュータによる情報処理及びその結果の提供に付随する軽微利用等（47条の5）	①所在検索サービス、②情報解析サービス、③その他政令で定めるサービスを行う者は、必要な限度で、情報処理の結果の提供に付随して、軽微な利用ができる。なお①～③の準備のためのデータベース構築などの利用も可。

ちょっと大変な表ですね。次に、このなかで大きな問題をはらんだものをいくつか取りあげて見てみましょう。

2　私的使用のための複製

「個人的に又は家庭内その他これに準ずる限られた範囲内」

最初は「私的使用のための複製」というものです。これはおそらく、いろいろある制限規定のなかでも、いちばん大切なもののひとつでしょう。この規定がなかったら世のなかは大混乱に陥るはずです。

たとえば、TVドラマは映画の著作物ですが、みなさんが昼間は仕事があるのでTVドラマを予約録画しておいて、夜、帰宅してから見るとしますね。録画は複製ですから、これは他人の著作物を複製したことになります。そうすると、本来は著作権者の許可がなければ録画できないはずです。

あるいは、子どもが、好きなマンガのキャラクターをノートに描く。学生が図書館で借りた書籍の数ページを勉強用にコピー機でコピーする。講演を聞いてノートをとる。これらはすべて、著作物の複製です。そのすべてについて著作権者の許可をとっていたら、許可を申請する方も事実上不可能ですが、許可を与える方もたまったものではありません。とてもすべての申請には対応できないでしょう。

そこで著作権法は、私的に使うためならば、他人の著作物でも許可なしに勝手に複製してよろしい、という規定を置きました。「勝手に複製してよい」であって、複製以外の利用方法には、こういう規定はありません。

具体的には、「個人的に又は家庭内その他これに準ずる限られた範囲内」で使うためならば、許可なく複製していいことになっています。「家庭内かこれに準ずる範囲」ですから、これはかなり狭い範囲での使用です。そういう狭い範囲での使用のための複製だけが許されているのです。

ですから、たとえば自分の子どもに見せるためにＴＶ番組を録画するならば、これはいいでしょうが、他人に売るためにＴＶ番組を録画するのは無論いけません。よくいわれるのは、小規模なサークル内で使うために数部コピーするくらいが限界ではないかということです。いくら気に入っている作品でも、たとえば学生が五十部コピーしてクラス全員に配ろうとすれば、これはまず限度を超えているでしょう。

ちなみに、元々は私的な目的で作られたコピーでも、自分が使い終わった後で不特定多数の人を相手に売ろうとすると、そういう行為は著作権侵害とみなすという明文の規定があります。

この私的使用のための複製は、私たちの社会や文化が円滑に機能するためには非常に大切な例外ですが、この数十年間、著作権問題の主役の座にあるといっていいほど論争の的になってきました。そこで、しばらくはこの「私的複製」の問題が歩んできた歴史を眺めてみましょう。

第一の波——ビデオ機器、コピー機の普及

元来、私的使用のための複製が認められた背景として、私的な複製ではたいしたことはできなかったということがありました。現行の著作権法が制定されたのは一九七〇年ですが、そのころには、一般の家庭に普及しているコピーや録音録画機器といえば、「ラジカセ」と呼ばれたカセットテープレコーダーくらいしかなかったのです。しかもレンタルレコード店がまだ誕生していませんでしたから、音楽のダビングといってもできることは限定的でした。コピー機も珍しく、学校でプリントを刷ったり、楽譜や芝居の台本を複製する際にはガリ版というものを切って作っていました。TV番組を録画する方法もなかったため、筆者の姉など、好きなTV番組が放送される際には、TVの前にカセットレコーダーを置いて録音して、後から場面を思い出しながらくり返し聴いていました（そんなことをする人が大勢いたかは知りませんが）。

ところが、一九八〇年代に入るころから、レンタルレコード店が登場して、借りてきたレコードから家庭でカセットテープに録音することが流行しました。前後して、家庭用の録画機器

であるビデオデッキも普及しはじめ、TV番組を録画できるようになります。レンタルビデオ店が登場し、ダビングした海賊版のビデオテープなども出まわるようになりました。また、オフィスや店頭にコピー機が並ぶようになって、書類も大量かつ廉価にコピーできるようになりました。そのため、複製できる作品の種類やその分量がぐんと広がったのです。これがいわば「第一の波」です。

世界的なビデオデッキの普及に、TVや映画業界は危機感を持ちました。つまり、家庭で番組を録画してくり返し見ることができれば、再放送はもう見ないだろうし、映画館にも足を運ばなくなることを警戒したのです。しかも、家庭で録音や録画がどれだけおこなわれても、TV業界や映画業界には直接にはなんの収入もないのですから、事態は深刻に見えました。

アメリカではそのために裁判になりました。これはベータマックス事件と呼ばれ、現在まで、テクノロジーと著作権の関係を考える際、最重要の判例のひとつです。

原告はハリウッド・メジャー二社、被告はベータマックスビデオを開発したソニーなどでした。映画会社らの主張は次のようなものです。彼らは、視聴者が放送される映画や他の番組を録画することは著作権の侵害である、と考えました。しかし、すべての視聴者個人を訴えるのは、容易に想像がつく通り至難の業です。そこで、そんな違法録画を可能にする機械を作って売ったソニーが悪い、という論理です。これを「寄与侵害」といい、いわば「共犯」であるとみなしてソニーを訴えたのです。ソニーが敗訴すれば、おそらくビデオデッキは作れなくなるため、これは大問題でした。

この裁判はもつれて連邦最高裁まで争われましたが、一九八四年、五対四というきわどい採決でソニーが勝訴しました。もしも、この裁判でソニーが敗訴していたら、ひょっとするとその後アメリカでは、今のような形では多様な録音・録画機器が普及していなかったかもしれません。

連邦最高裁の判断は次のようなものでした。視聴者の録画の仕方を見ると、先ほど筆者が書いたように、昼間見ることができない番組を夜見るとか、放送されたのと違う時間帯に見るために録画する人が多かった。これを、時間をずらすという意味で「タイムシフティング」といいます。これは「フェアユース（公正使用）」といわれる公正な使用だから著作権侵害ではない、と裁判所は考えました。

ご注意いただきたいのは、アメリカの裁判ですから、日本の著作権法とは適用される法律が違うことです。アメリカの著作権法には、日本のように私的使用のための複製という制限規定はなくて、その代わり（と書くのは必ずしも正確ではないでしょうが）、「他人の著作物でも公正な利用ならば著作権侵害ではない」という、「フェアユース」と呼ばれる規定があります。裁判所は、タイムシフティングはこの「フェアユース」であると判断したのです。

たしかに、ビデオデッキを使って海賊版を大量に作って売るなど、明らかに著作権侵害にあたる使い方をしている人々はいたでしょう。しかし、裁判所は、「タイムシフティングのように適法な目的に広く使われている場合、あるいはそういう適正な用途の実質的な可能性がある場合、それができる機械自体には罪はない」と判断しました。たとえば拳銃のように、およそ違法な使い方しか思いつかないものは、作るのも売るのも問題です。しかし包丁は、たしかに人殺しに使われることもありますけれど、料理という適法な使い方が圧倒的に多い。たまたま誰かが包丁を使って人をあやめたとしても、その包丁を作って売った人が殺人の共犯だとはいえないという考え方です。

こうした裁判の結果、私的な録画ツールはアメリカで生き残り、そして世界中でも普及しつづけたのです。ハリウッド・メジャーもTV業界も、やがてはこの新しいメディアと手を組んで、積極的に利用する方向に傾斜していきました。日本でも、このころ、私的複製の例外規定は若干修正されましたが、大規模な変更はありませんでした。

第二の波――デジタル録音・録画技術の登場

次にやってきたのは、デジタル化の波です。一九八〇年代の後半には、デジタル録音であるCDがアナログ録音であるLPの生産枚数を抜きさり、爆発的に普及しはじめます。そして、

MDなどの家庭用のデジタル録音機器が生まれます。やがてアナログからデジタル放送への転換も起きますし、CD－R、DVD－Rなどさまざまなデジタルでの複製ツールが次々に登場して人気を博しました。

デジタル録音やデジタル録画の特徴は、それまでのカセットテープやビデオテープのようなアナログの技術と違って、コピーしても音質や画質が基本的に劣化しない点です。しかも、大量かつ高速のダビングが可能です。そうすると、家庭用の録音や録画機器という意味ではカセットテープやビデオテープと同種のものでありながら、実際の影響が飛躍的に大きくなります。短時間で高音質・高画質のダビングができるため、友達同士で持っているCDをコピーしてあげる、といったことが容易になりました。これが一九九〇年代になって起こってきた「第二の波」です。

デジタルであろうが複製は複製ですから、借りてきたCDを個人で楽しむためにコピーするなら、私的使用のための複製であり、自由です。これに対して、「それは現行の著作権法ができたときに想定していた私的使用のレベルではないだろう。作品とまったく同じコピーを簡単に作れるなんて、私的使用だからといって許していいのか」。こんな反論がレコード会社やソングライターといった権利者側から出てきました。

では、デジタル録音やデジタル録画は私的な複製の対象にはならないのか。さまざまな議論はありましたが、デジタルであれ、私的な複製はやはり禁止できないということになりました。ただし、デジタル複製が普及すれば元々のＣＤの売上げが落ちるなど、権利者側は損失を心配します。そこで、私的なデジタル複製の場合に限って、ユーザーから一定の料金を権利者が受け取れる、という制度が一九九二年に生まれました。制度には、「私的録音録画補償金制度」という、文字通りの名称が付けられましたが、機器メーカー側の反発も根強く、徐々に機能しなくなっていきます。

第三の波——ネットワーク化

そして、一九九〇年代後半になって、「第三の波」が押し寄せました。それはネットワーク化、すなわちインターネットの普及です。この世界的なデータ網は、登場以来またたく間に世界中に広がり、データ通信の主役に躍りでました。そしてデータ圧縮技術や大容量の回線普及に伴って、音楽や映像を含むあらゆるコンテンツが容易にデジタル化され、それを誰でも世界中に発信し、誰もが受信し享受できる社会が到来します。

これは言うまでもなく大きなビジネスチャンスを生みますし、私たちのコミュニケーションと社会のありようを根本的に変えるインパクトを持つものでした。と同時に、音楽を皮切りに作品が無断で流通され享受されるという現象が広がりはじめます。クリエイターやエンタテインメント企業の最大の頭痛の種、オンライン海賊版の登場です。

無論、他人の著作物を無断でサイトにアップロードすれば「複製」にあたりますし、また、「送信可能化」といって公衆送信の一種にもあたりますから、著作権侵害です。正確には、無断での配信サイトが広がりはじめた一九九七年に、日本の著作権法は改正され、アップロードは公衆送信であって違法であることを明文化したのです。

ちなみに、著作物の複製には私的使用の例外がありますけれど、公衆送信には私的使用の例外というものはありません。よって、他人の著作物を無断でホームページにアップロードすれば、いくらそれが「私的なホームページ」であっても、原則として著作権侵害です（ただし、後で触れる「引用」などは許されます）。

デジタル化・ネットワーク化と崩れた前提

こうしたデジタル化とネットワーク化の進展以降、著作権をめぐる議論の基調音は「膨張しつづける複製と流通手段の拡大に、著作権制度がどう対応するか」でした。

第一には、それまでごく一部のプロたちに握られていた作品の創作と大規模流通の手段が万人に開放されます。大量・高品質・廉価で作品を複製し、それを世界の誰もが世界の誰に対してでも瞬時に届けることができる「情報革命」の到来でした。

これは素晴らしいチャンスであると共に、それまで著作権制度を支えてきた大きな前提を覆す事態でもありました。大きな前提とは、ひと言で言えば「大量のコピーと流通は把握が可能」ということです。従来は、ガリ版のような零細な規模のものを除き、作品の大量複製・大規模流通の手段はごく一部の出版社やレコード会社、放送局に独占されていました。無論、海賊版業者はそれ以前からいましたが、そう誰でも手を染められるものではなく、大きな設備投資や人手が必要でした。普通の印刷会社に海賊版の印刷を発注すればすぐに発覚してしまいますし、自前の印刷工場なんて造ったらなおさらです。大型書店に海賊版を卸すこともできません。つまり、大量複製と流通はどうしたって外から把握されやすかったのですね。

ですから、著作権法が無断コピーは違法だと規定しさえすれば、そこに警察が踏み込んで摘発することも決して不可能ではありませんでした。こうして、著作権制度によって無断コピーと流通を違法化することで、そしてそれを実効性をもって取り締まることで、クリエイターがコピーを売って生活の糧を得られるようにする。これがいわば、著作権制度の想定してきた生態系です。

ところが、万人が発信者で万人が受信者となれば、この前提が壊れます。まず、社会の無数の人々が同時多発的に大量発信・受信する場合、それを把握して止めること自体が現実には難しいでしょう。これに拍車をかけるのが「技術の進展」です。たとえば匿名化技術。誰が無断コピーを作成し、発信しているかをわかりにくくするさまざまな技術は日々発達を続けています。

さらに「国境の壁」があります。オンライン海賊版は、しばしば海外の法の手の届きにくい国の確信犯的なサーバー事業者などが手を貸して、国境を越えて大規模に流通します。そこにクリエイターやエンタテインメント企業が追及の手を伸ばすのは決して容易ではありません。

「法の間隙」もあります。永らく、リンクといわれる行為は著作権的には適法と整理されてきました。これは、リンクを張る人物は自ら作品を複製する訳でも、公衆送信する訳でもないからです。実際、リンク行為はわれわれの情報流通にとってはかなり根源的な営みですから、容易に取り締まる訳にもいきません。その間隙を縫って、リンクを使って悪質な海賊版に誘導し、広告収入を稼ぐようなビジネスが発達しました。

このようにデジタル化・ネットワーク化の進展は、著作権制度のよって立つ、「大量コピーと大量流通は把握できコントロール可能である」という前提を大きく揺るがすものだったのです。いわば、前述した著作権という壮大な社会実験は、誕生から三百年にして最大の曲がり角を迎えたのでした。

そこで、各国政府と権利者団体は、さまざまな技術と法改正でこれに対応しようとします。

ネットの自由対著作権

たとえば、大量コピーと流通技術の発達に対しては、ストレートにコピーや無断視聴を防止する加工を作品に施したり、あるいは無断流通を追跡しやすいよう電子透かしを埋め込んだりする対応が広がりました。広い意味でのＤＲＭ（デジタル・ライツ・マネジメント）と言われる技術ですね。もちろん、こうした技術に対してはそれをすり抜ける技術も発達しますから、いたちごっこが続くことになります。

また、国境の壁に対しては、海外での裁判や摘発をしやすくするような国際的な協力体制が必要になります。こうした協力体制のための条約も、各国政府によって議論されました。

そして、法の間隙を埋めるための著作権法の強化がはかられることになります。たとえば、前に書いたＤＲＭをすり抜ける行為などを違法にする改正があります。また、悪質な海賊版と知りながらそこにリンクを張る行為を違法にする改正もこのうちですし、情報の流通を担うプラットフォームなどの事業者に、海賊版を防止するための取り組みを義務付ける改正もこの一環と言えるでしょう。その中に、私的複製のように従来は自由とされてきた行為を一部で制限する法改正も、含まれてきます。

こうした取り組みや法改正を求める権利者たちの声には、時に極めて切実なものがあります。

他方で、それは、しばしば情報通信をめぐる多くの事業者の利害とぶつかり合います。さらに言うと、ユーザーたちの自由と時に正面から衝突するのです。ユーザーや事業者たちはむしろ、発達した技術と変化した情報社会にもっと適合するような著作権制度、つまりもっと自由な作品の利用や流通を許すよう、著作権法の緩和を求めます。

そのため、世界各地で、「ネットの自由」を求めるユーザーや事業者たちと、著作者や映画会社・レコード会社たちとの対立が先鋭化します。それは時には法改正への大規模なロビー活動や反対運動となり、インターネットやメディアを揺るがす大きな論争となることもあります。

日本でも、ゼロ年代以降、著作権を強化する多くの改正と、同時に著作権を緩和する多くの例外規定の導入がおこなわれ、毎年のように無数の論争を生んできました。「ネットの自由対著作権」の対立項は、情報社会の大きな基調音のひとつだったとさえ言えるでしょう。その中で、それぞれの個人、企業、そして政府は、著作権制度による創作者の保護と、自由な情報へのアクセスをいかにバランスさせるか、つまりベストバランスを問われつづけています。この点は、本書の最後でもう一度論じたいと思います。

異なるメニューをミックスする

さてこうした論争と同時に、あまりに急速に変貌する情報社会に対して、法律の改正は常に周回遅れを余儀なくされてきたのがゼロ年代以降の状況だったとも言えるでしょう。ただ、法律はいわば社会のミニマムスタンダードを決めるものです。それは多数の人々の賛同をある程度継続的に得られるまでに社会的合意が醸成されて、はじめて導入されるのが普通です。一定の周回遅れは、常に不可避なのかもしれません。

こうした宿命的な遅れと、前述したような論争の多発やバランスの困難さから、ある法改正が求められた時にタイムリーに実現されることは、ますます難しくなっています。そのため、もちろん法制度はこれからも重要な要素でありつづけるでしょうが、同時に、目的を達成するための他のツールも組み合わせることがこれまで以上に大事であるように思います。

たとえば、契約です。各種プラットフォームの利用規約は、今やわれわれの誰もがアカウントを作る時に同意する「契約」ですが、その中には、既存の著作権の原則より強い権限をプラットフォームに与え、民法の原則より広い責任の免除を彼らに認めるものがあります。それはいわば、法律を超えた法律です。すでに述べたDRMのような技術もまた、目的達成の手段としては重要度を増していますね。私的複製がいくら法律上認められていても、現実にコピーができない仕様の機器やファイルの形で作品が流通している場合、私的複製は事実上できません。これらはいわば、契約や技術によって著作権を強化する方向です。

逆に、自主的に著作権を弱める動きも出てきています。「クリエイティブ・コモンズ」という仕組みはその代表格で、作者自身が四つの単純なマークの組み合わせを選び、たとえば「この作品は非営利目的なら誰でも自由に利用・改変して良いですよ」といった表示を作品に記載しておくのですね。すると、世界中のユーザーは、改めて権利者の許可を取らずに作品をその範囲内で自由に利用することができます。こうした意思表示の仕組みを「パブリックライセンス」などと言い、ゼロ年代以降の日本発コンテンツの一大成功例と言えたボーカロイド「初音ミク」は、非営利の二次創作を自由と宣言するパブリックライセンスのもとで、爆発的に広まったのでした。こちらはいわば、意思表示によって著作権を切り下げる動きです。

私たちは、前述したような創作者の保護と自由な情報アクセスの最適なバランスを考えながら、新たな法制度や技術の動向を注視して、時に異議を申し立て、時に自らの情報発信にどんなパブリックライセンスを付けるかを考える、そんな「著作権の自由設計」の時代を生きているのかもしれません。

3　パロディとアプロプリエーションの地平を探る

既存の作品の再解釈・再構成を伴う「借用」

次は、著作権分野のもうひとつの未解決問題といえる、「パロディ」など、既存の作品の再解釈や再構成という要素を含んだ表現形式を考えてみましょう。

スペースの関係でここでは主にパロディを取りあげますが、二十世紀以降、既存の作品やイメージをなんらかの形で取り込んだ新しい芸術表現は数多く登場しています。現代美術の分野では、前述のデュシャンを皮切りに、キャンベル缶スープのラベルやマリリン・モンローなどの既存のイメージを作品にしたアンディ・ウォーホールや、既存のパルプマンガのコマを作品にしたロイ・リキテンシュタインのようなポップアートの作品がその代表格でしょうし、音楽や映像に見られるリミックスなどもこの範疇といえるかもしれません。音楽でいえば、それ以前にジャズがこの領域でしょう。ここでは仮に、こうした既存の作品やイメージの取り込みを「アプロプリエーション（流用）」と呼ぶことにします。おそらく大多数の人々はこれらの作品を、典型的な他人の作品の模倣や盗作とは違った、何か異質なものと見るのではないでしょうか。

いうまでもなく、パロディやアプロプリエーションにおいて、既存の作品やイメージを取り込む意図は作家や作品によって異なるでしょう。それらを統一して論じる力は筆者にはありません。本書でも何度か触れますが、これらの作家のなかには、著作権そのものがよって立つ「オリジナリティ」という概念そのものに異を唱えたり挑戦を試みる者もいます。

この項では、比較的誰もがイメージを持ちやすい「パロディ」という領域と、若干の現代美術の作品を手がかりに、この問題にアプローチしてみることにしましょう。

パロディと単なる盗作の違い

「パロディ」という言葉はご存知ですね。定義はさまざまでしょうが、ここでは仮に、他人の作品を下敷きにして、内容をひねったり、状況をひっくり返したり、他の要素と組み合わせたり、そうやって違うおもしろさや味わいを持った新しい作品を作ることをパロディと呼ぶことにしましょう。

われわれは実にパロディが好きです。世のなかを見れば、本当にパロディがあふれています。映画や舞台、小説でも既存の作品のパロディや、一部パロディ的な要素を入れたものが少なくありません。替え歌、マンガにもパロディは多いですね。古いところでは江戸時代の狂歌や川柳にも古い和歌や俳句のパロディは数多く見られます。

このパロディというものは、著作権的にはどう評価できるのでしょうか。他人の作品のかなりの部分を使って、もじって新しい作品にするのですから、多くの場合これは翻案ですね。翻案にあたるならば、著作権者の許可がないとできないはずです。

ところが、パロディにはいわゆる普通の無断翻案、たとえば典型的な盗作などと比べるとかなり違う点、特徴があります。たとえば、以下のような点がパロディの特徴として指摘されます。

①一般的な盗作は、元になった作品がばれたらおしまいです。なぜなら、他人の作品を真似て、自分の作品のようなふりをして公表するのですから、「ネタバレ」は基本的にまずいのです。ところが典型的なパロディはこれとは逆で、元ネタになった作品を知っている人々に向けて発信するものです。ですから「ネタバレ」が前提です。鑑賞者が元ネタ、題材の作品を知っているからおもしろいのであり、元ネタを知らない人に向けてパロディをやるのは非常にむなしい、無意味な行為です。

元ネタを知らないでパロディだけを見ると、これはおもしろくありません。たとえば、元祖『スター・ウォーズ』のパロディ映画で、親指に顔の映像を合成して『スター・ウォーズ』の登場人物みたいに見せかけてだいたい同じストーリーを展開する『親指ウォーズ』（スティーヴ・オーデカーク監督）という映画がありましたけれど、あれは『スター・ウォーズ』を全然知らない人が見てもおもしろさは半減してしまうのではないでしょうか。

だから元ネタを知らないのにパロディを見ようという人はあまりいません。『サイコ』という、アルフレッド・ヒッチコック監督のスリラー映画の傑作があります。この『サイコ』などをパロディにして奇才メル・ブルックスが撮った『新サイコ』というギャグ映画のこれまた傑作がありますが、『サイコ』を見ないで『新サイコ』を見る人というのは少ないでしょう。筆者はどうしたわけか、かつてまだ『サイコ』を見ていないにもかかわらず『新サイコ』を見ましたが、シャワーの場面など、『サイコ』のパロディシーンは全然おもしろくありませんでした。きっとここは爆笑シーンなのだろうなとは思うのですが、オリジナルを見ていないので完全に取り残された気分でした。

こんなふうにパロディというものは、元ネタを知っている人が見ておもしろいものです。だから、誰も知らない作品のパロディというものはあまりないはずだし、仮に作られたとしても、そういうものを厳密にパロディと呼べるかは疑問です。

②次に、効果的なパロディであるためには、オリジナルの一部を借用する必然性がある場合が多いことが挙げられます。なかには、オリジナルの表現はほとんど借りたり真似したりしないで、オリジナルを想起させるだけという高度な(?)パロディもありますね。新古今和歌集における「本歌取り」、狂歌や川柳などにもそういう「連想型」が多いと思いますが、たいていのパロディはそうではなくて、オリジナルの、たとえばアニメやマンガのキャラクターを借りたり、メロディはオリジナルのままで、歌詞の半分くらいを変えるとか、そういう「借用型」が多いでしょう。ストーリーはだいたいオリジナルに沿ってい

るのだけど、いくつかの設定が違う結果、エピソードが別の展開を見せるもの、などです。

つまり、最初に述べた通り、パロディというものは、多かれ少なかれ、他人の作品の翻案や複製を伴わざるを得ない部分があります。

③第三に、翻案ならばオリジナルの権利者の許可が必要なはずですが、パロディの場合、使用の許可をもらうのは往々にして容易ではありません。おそらく、単に「あなたの作品を出版したい」とか「忠実に映画化したい」といった話に比べると、権利者から難色を示される確率は高いでしょう。あるいは、多くのクリエイターは、他人の作品のパロディは楽しめても、自分の作品のパロディは楽しめないのかもしれません。

これはひとつには、オリジナルを崇拝したり誉めそやすパロディばかりではないことも影響しているでしょう。パロディにしたいからにはたいてい、オリジナル作品を好きな場合が多いのでしょうが、愛情はそれなりに屈折していて、一部を茶化したり、どこかに毒があるものも多いように思います。そのため、研究者のなかにはパロディと単なる引用を区別するのは「批判的距離である」（リンダ・ハッチオン）という人もいます。なかには、後で紹介する『バターはどこへ溶けた?』のように、明瞭なアンチテーゼとしてのパロディもあります。

そうすると、パロディ作品を作りたいので翻案許可を受けたいと申し出ても、必ずしも許可が下りるとは限らない。下りるとしても、「では出来上がったパロディを見せていただいてから最終的なゴーサインを出します」と言われてしまうこともある。それでは一所懸命パロディ作品を作ったうえでNGになったり、直しが入るかもしれないのですから、パロディというものの性格と矛盾する気がします。

また、オリジナルの作家本人ならばまだ洒落がわかることもあるでしょうが、遺族や代理人が著作権を管理している場合、「歴史的作品で悪ふざけをされるのは困る」といった否定的な反応が返ってくる可能性もあります。

④このように、パロディはおもしろいし、作品ジャンルとしても評価は定まっています。パロディのためにオリジナル作品の一部を借りる必然性がある場合も多いでしょう。ところが、許可は必ずしも受けやすくない。では、仮に著作権者の許可なしでパロディがされてしまったとして、いったい著作権者はひどい迷惑を被るのか、という疑問が湧いてきます。

前に述べた通り、海賊版や模倣作が勝手に作られた場合、オリジナル作品が受ける迷惑ははっきりしていますね。無論、作者の人格や感情にかかわる被害も大きいでしょうが、経済的な売上げへの打撃が無視できません。なぜならば、市場での代替品が登場してしまうからです。購買者のなかには、より安価な海賊版や模倣作の方を買って、真正品やオリジナル作品を買わない人が出てくるからです。こうした市場での打撃は、パロディの場合にもあるのでしょうか。

この点、一般にはパロディ作品はオリジナル作品とはスタイルが違うので、市場でオリジナル作品とバッティングしたり、その代替品となることはないといわれています。

これはたしかにそうでしょう。『スター・ウォーズ』を見るか、『親指ウォーズ』を見るか、迷う人は少ないはずです。『サイコ』か『新サイコ』かで迷った筆者のような人物は稀で、普通はすでにオリジナルを見た人たちが対象になって、彼らがさらにいくつかのファクターを考慮してパロディを見るかどうかを決めるのではないでしょうか。ですから、二作品はそれほど市場でバッティングしないはずです。

そうであれば、前に紹介した著作権の存在理由から考えた場合、パロディが作られたからオリジナルの作家側に経済的損失が生まれる、ということは通常は起きない気がします。もっとも、無論、パロディとは名ばかりの模倣作、便乗企画ならば話は別です。

こうした理由で、少なくとも普通の盗作や海賊版と比べると、同じ翻案とはいってもパロディはより緩やかな基準で存在を許されてもいいんじゃないか、という気がしてきます。

以上で述べたことは、典型的なパロディとは違いますが、二十世紀以降の芸術には数多く見られる、先行作品の再構成・再解釈を伴う取り込みには全般的にいえることだと思います。ダ・ヴィンチの絵画や既製品をそのまま作品にしてしまい、現代美術への扉を開いた前述のデュシャンを筆頭に、先行する作品の取り込みは（無論それ以前から存在していますが）過去一世紀の各表現ジャンルの主要な潮流のひとつであったといっていいでしょう。

では、著作権法は、こうしたパロディやアプロプリエーションなどとどのように向き合ってきたのでしょうか。いくつか具体的なケースを見てみましょう。

パロディモンタージュ写真事件

日本で最初のパロディ裁判は、（正確にパロディといえるかどうかは別として）いわゆる「フォト・モンタージュ」をめぐって起きたものです。パロディ化されてしまったのが、山岳写真家として有名な白川義員《よしかず》さんの作品です。次ページを見てください。

オリジナルはあざやかなカラーの作品ですが、ご覧の通り、雪山を背景にスキーヤーたちがシュプールを描いている写真です。カレンダーなどに似合いそうな写真ですね。実際これは、自動車保険会社のカレンダーにも使われました。白川さんは自作の作品テーマについて、「地球の美しさに感動し、その美しさをカメラを通して再発見し、さらに再発見によって人間の良識と人間性の回復になんらかの可能性を見出すこと」だと述べています。

この作品をパロディにしたのは、わが国を代表するパロディストのマッド・アマノさんで、『週刊現代』に連載された「マッド・アマノの奇妙な世界」というコーナーなどに掲載された『軌跡』と題する作品で彼は、白川さんの写真の端の部分をトリミングした上で白黒にコピーして、大きな自動車のタイヤをモンタージュしました。

撮影・白川義員（東京高裁1976年５月19日判決より）

パロディを解説することほど無粋なことはないだろうと思いますが、掲載写真が不鮮明なので念のため解説いたしますと、スキーヤーのシュプールがタイヤの轍に見えるのですね。アマノさんは、作品には自分の名前だけの著作権表示（©マーク）を付しておりました。

白川さんは怒り、著作権と著作者人格権の侵害でアマノさんを訴えました。著作者人格権についていえば、白川さんの名前を表示していない点が氏名表示権の侵害で、作品を改変しているから同一性保持権の侵害である、という主張でしょう。いずれも第二章で紹介した権利ですので、詳しい説明はそちらに譲ります。

アマノさんは、彼の作品はフォト・モンタージュであり、ダダイズム以来の伝統ある芸術技法であって著作権法上許されるべきだ、といって争いました。この「フォト・モンタージュ」とは、まったく異質な写真を組み合わせることで、「イメージの衝突と意味の複合」によってオリジナル写真を別の表現へと飛躍させる芸術表現です。アマノさんはさらに、本件写真は自動車による公害を批評するために、諷刺として作ったものである、と主張しました。

マッド・アマノによるパロディモンタージュ。(東京高裁1976年5月19日判決より)

この裁判、二度の最高裁判決を含んで実に足かけ十六年の長丁場に及んだのですが、果たしてパロディは是か非か、ということで、写真界・言論界を巻き込んだ論争に発展しましたから、聞き及んだ読者の方もいるでしょう。

一審はアマノさんの敗訴でした。ところが、二審の東京高裁は当時としては大胆な判決で、アマノさんを逆転勝訴させました。つまり、裁判所は「たとえ他人の作品を借用したとしても、それがオリジナルの批判や諷刺といった、まったく異なる意図でおこなわれるときには、パロディとして許される余地がある」と判断したのです。そのため、決着は最高裁にもつれ込み、一九八〇年、最高裁はあまりに有名な「引用基準」を打ち立てて、アマノさんの再逆転敗訴の判決を言い渡したのです（その後和解が成立）。

さて、「引用」という言葉が登場しましたが、ここに日本のパロディやアプロプリエーションの悲劇性があります。つまり、アマノさんの作品は一見すると明らかに複製か翻案ですから、通常ならば著作権者の許可が必要です。ですから、著作権法のどれかの「制限規定」にあたらなければ、原則通り著作権侵害になる可能性が高まります。

たとえば、いくらクリエイター側が「パロディは許されるべきだ」と言っても、「パロディは許す」という制限規定がない場合、裁判としては少々苦しくなります。では、日本の著作権法にそんなパロディ例外規定があるかといえば、ありません。

許される根拠になりそうな制限規定は何かないのかというと、「引用」の規定しかありません。著作権法には、「他人の作品は引用してもよい」という、引用の例外というものはあります（120ページの制限規定のうち、第三十二条参照）。ちなみに、当時は旧著作権法の時代で、「節録引用」という難しい言葉でした。そのため、実質的にそれしか選択肢がないなかで、アマノさんは「引用」の抗弁を持ち出し、二審の東京高裁は「アマノ作品はパロディであり、引用として許される」と判断したのでしょう。

この段階で、すでに旗色が悪いという気もしますね。通常、パロディと引用では意味が違います。パロディは他人の作品に手を加えて、別な作品にすることでしょう。これに対して引用とは、他人の作品を自分の作品のなかで紹介する行為です。典型的な例では、文章のなかで他人の小説や詩の一節を引用する、ということがあります。引用箇所を括弧でくくったり字下げをして紹介して、それに関連する記述をおこなう。あれが典型的ないわゆる引用ですね。パロディ的な使い方も含めて広い意味で「引用」と呼ぶ例もありますが、典型的な引用と典型的なパロディでは、まったく違うものといってよいでしょう。

このように著作権法の条文は、必ずしもアマノさんに味方しませんでした。それで最高裁は、「引用として許されるというのなら、引用が許される条件を考えましょう」ということで、有名な引用の条件を打ち立てたのです。

最高裁はこう述べました。「引用とは、紹介や論評などの目的で、自分の作品に他人の作品の一部を収録することである。よって、引用といえるためには、①引用して利用する作品と、引用されて利用される作品とが明瞭に区別され、しかも、②両作品のあいだに主従の関係がなければならない」。実際はほかにも条件を挙げたのですが、以上が特に大事な部分です。

たしかに、これは普通の意味の引用の場合にはかなり妥当な基準でしょう。通常、他人の作品を引用する際には、前述のように括弧でくくったりして区別がつくようにしますね。どこまでが他人の作品の引用なのか、わからないのでは具合が悪い。しかも、作品のほとんどが他人からの借り物というのでは引用とはいわないでしょうから、「引用される部分が従」という条件もわかります。

しかし、この基準は、パロディに適用されたらパロディ側は苦戦必至です。アマノさんの作品の場合、白川作品と見比べればどこが白川作品からの借用部分かは判断できますが、アマノ作品だけを見て「この部分は他人の作品だな」とは区別できません。パロディはこの形が多いのです。「取込型」などとも呼ばれますが、『親指ウォーズ』も、グッチ裕三さんの替え歌も、『ケロロ軍曹』も、映画『サラリーマン忠臣蔵』（古い！）も、借用部分と新たに創作した部分は渾然一体となっていて、一見して明瞭に区別がつくとはいえないでしょう。それに主従の別にしても、部分的にパロディ要素がある作品ならばともかく、多くのパロディは、みずから創作した部分と借用部分で、どちらが主でどちらが従とはいいにくいものばかりです。

以上の次第で、この裁判はアマノさんの敗訴で終わりました。それは、日本のパロディにとってはある種の冬の時代の始まりだったといえるでしょう。「ほとんどのパロディは、引用ではない。だから現行法ではそれを許す規定はなくて、多くは無断複製か無断翻案と評価されるほかないのだ」というべき立場が最高裁によって示されたからです。

『チーズはどこへ消えた?』事件

パロディモンタージュ写真事件の前記最高裁判決から二十年余りを経た二十一世紀初め、再びパロディ作品が裁判で争われるときがやってきました。今回は、パロディの対象にされたのはベストセラー小説『チーズはどこへ消えた?』です。世界のトップ企業が研修テキストに採用する、全米ベストセラー第一位の翻訳として扶桑社から発売され、日本でもブームになった作品です。物語はご存知の方も多いでしょうが、改めて紹介してみます。

『チーズはどこへ消えた?』のあらすじ

三部構成で、導入部とエピローグはシカゴの高校の同窓会。同窓生たちは仕事や家族などなんらかの問題を抱えている。そこでひとりが、自分の人生を変えた物語として話しだすのがチーズの物語である。舞台は遠い国にある「迷路」で、そこでは二匹のネズミとふたりの小人が毎日食料であるチーズを探して暮らしている。彼らはあるとき、迷路のなかで大量のチーズを発見し、毎日のようにチーズを食べに通うようになる。ところが、ある朝チーズは突然なくなってしまう。ネズミはただちに状況を受けいれて新たなチーズを探しに出かけ、やがて莫大な量のチーズを発見する。しかし、小人たちはチーズがなくなったことに失望しつつ、同じ場所にしがみついている。やがて、小人のひとりは恐怖を克服して迷路の探索に出発した結果、大量のチーズを発見する。この寓話を聞いた人々は、恐れずに変化にすばやく対処することの大切さを教えられて、それぞれの生活に戻っていく。

『チーズはどこへ消えた？』が話題を呼ぶと、今度は『バターはどこへ溶けた？』という本が道出版という出版社から出版されました。「最近、世界中の人々が感動した一冊の本がありま す。ここに、その話に似ているようで、よく読むと、まったく異なる一つの物語があります」という挑戦的なコピーからもうかがえる通り、これは『チーズはどこへ消えた？』に対するアンチテーゼ的な内容の本でした。全体構成やストーリーはかなり細かいところまで『チーズはどこへ消えた？』に似通っています。こちらもご紹介しましょう。

『バターはどこへ溶けた？』のあらすじ
三部構成で、導入部とエピローグは港町の同窓会。集った人々は競争社会に倦み疲れている。そこでひとりが、聞いたら気持が楽になった物語として話して聞かせるのがバターの挿話である。登場するのは二匹のキツネと二匹のネコで、大きな森のなかでバターを探し歩いている。彼らはあるとき大量のバターを発見し、毎日のようにバターを食べに通うようになる。ところが、ある朝バターは突然なくなってしまう。キツネたちはすぐにバターを探しに出かけ、やがて、気のいいリスを騙して彼らのバターを横取りする。ネコの一匹はバターがなくなったという事実を受けいれ、あるがままの暮らしに満足するが、もう一匹はそんな向上心のない生活に飽きたらず、新たなバターを求めて探索に出かける。しかし、やがて自分は絶えず向上しなければならないという恐怖心に追いかけられているのだと悟って、仲間の元に帰る。キツネたちは人間に射殺されてしまう。この寓話を聞いた同窓生たちは、それぞれがこの物語を自分の心に問いかけることにして別れていく。

両者の世界観の違いについては、くどくど解説する必要はないでしょう。ちなみに、『バターはどこへ溶けた?』の方では、キツネは英語名、ネコは日本語名となっていて、全体に西欧型の価値観や文明に対する批判の色彩がかなり色濃く出ています。

両作品の世界観の対比は多くの読者の関心を惹いたとみえ、二冊の本を比較した『チーズはどこへ消えた?』『バターはどこへ溶けた?』どちらがよい本か?』という本まで出る始末でした。二〇〇一年、扶桑社らは道出版らを相手どり、出版販売等の差止の仮処分を東京地裁に申し立てました。

この裁判は訴訟当事者の問題などで多少変則的な論争の形をとったのですが、いずれにしても、『バターはどこへ溶けた?』側は当然、「この本はパロディなので著作権侵害にはあたらない」という趣旨の反論をおこないました。モンタージュ写真事件の高裁判決にならってパロディ抗弁をおこなったのです。

しかし、東京地裁は『バターはどこへ溶けた?』を著作権侵害と認め、出版販売等の差止の仮処分を発令しました。その際、「パロディという表現形式が認められているといっても、そこには自ずから限界がある。パロディだからといって、オリジナル作品の著作権を侵害することは許されない」という判断を示しています。

『チーズはどこへ消えた?』事件の場合は、パロディモンタージュ写真事件のとき以上に、オリジナル作品へのアンチテーゼとしていわば「正統派パロディ」の色合いが強かったため、研究者のあいだでも、この決定に対する批判的な意見は少なからず見られました。

筆者も、この決定には多少の違和感を感じます。「パロディだからといって著作権侵害は許されない」と聞かされると、「チャタレー裁判」などのかつてのわいせつ文学裁判で、「芸術性が高いからといってわいせつ表現は許されない」と聞かされたときと同じような印象を持ちます。つまり、一見正論のように見えながら、よく考えてみるとちょっとはぐらかされたような気がするのです。

たとえばわいせつ裁判の場合、わいせつだとされた側は、「わいせつ表現だけれど、芸術だから許してほしい」と主張したいのではなく、「この部分は、ある文学・芸術上の文脈のなかで語られているため、わいせつではないはずだ」と訴えたかったはずです。同じように、パロディ側は、「著作権侵害だけれど、パロディだから許してほしい」と言いたいのではなくて、「パロディという確立された文学・芸術表現は、著作権侵害と評価されるべきではない」と訴えたいのだろうと思います。

裁判所はまた「著作権を侵害せずにパロディをすることもできるので、この決定は表現の自由を不当に制限するものではない」旨の判断も示しました。仮にそれが、「パロディだからといって特別扱いはしないので複製や翻案をしないでパロディを作りなさい」という意味だとすれば、そうしたパロディは果たしてどれほど可能なのでしょうか。結果として、真面目に考えたらパロディはできないという結論にならないでしょうか。

筆者が見たところ、現在でもマンガ、音楽、文学、演劇などジャンルを問わず、パロディ、それもオリジナル作品の複製や翻案を伴うように見えるパロディはさまざまに存在しているようです。本書執筆時の最高裁の立場であれば、その多くは著作権者などの許可を要するのでしょうから、おそらくそうしたパロディ作品は、次の三つのうちいずれかに分類できるだろうと思います。

①権利者の許可を受けてパロディをやっている。

安藤和宏さんによれば、嘉門達夫さんの「替え歌メドレー」などは原曲の権利者全員に使用許諾を申し込んだようです。しかしこれは、手間とコストを考えたら、容易には選べない選択肢です。しかも、許可を断られた場合、パロディはできないという結論になります。

②特に知識もないまま、無許可でパロディをやっており、今のところクレームは受けていない。

おそらくこのパターンだろうと思われる例も時に見受けられます。

③著作権上の問題があることは多少なりとも知っており、承知の上でパロディをおこなっている。

ネット上での匿名のパロディや、コミケ（コミックマーケット）などの二次創作を筆頭に、このタイプは非常に多いでしょう。特に、紹介したような批評的な（狭い意味の）パロディより、原作愛に基づくファン活動の延長のような「二次創作」が多いのが、日本型の（広い意味の）パロディの特徴と言えそうです。そこでは、やり過ぎでなければ大目に見るといった、オリジナル側と二次創作側の絶妙の間合いによる生態系が存在しているように思います。

こうした「あうんの呼吸」は日本文化の大きな強みではありますが、同時に、壊れやすいもろさといった課題もあるのが、日本型の二次創作だと言えるかもしれません。

パロディの抗弁、フェアユースの抗弁とは

では、日本以外の国の著作権法では、パロディにどのように対処しているのでしょうか。有名なのは、フランスの著作権法で、いわゆる「パロディ規定」を持っています。スペインの著作権法にも似た規定はありますが、フランス法では次の行為は著作権侵害ではないとされています。

"La parodie, le pastiche et la caricature, compte tenu des lois du genre"（フランス著作権

法第一二二条の五（四）項）「パロディ、パスティーシュ、カリカチュア」とあるうち、「パスティーシュ」は第一章でも述べた、「人の作風の模倣」のことですね。これは日本でも一般的に著作権侵害ではないと考えられています。「カリカチュア」は「諷刺（画）」と訳されます。これらと並んで、パロディも著作権侵害ではない、と正面から記載されています。ただし、その分野の慣習（ルール）は考慮しなければなりません。

ここまでストレートな規定ではありませんが、アメリカの著作権法には前述の通り「フェアユース」という条文があります。「他人の著作物でも公正な使用ならば著作権侵害ではない」という、いわば包括的な規定が置かれているのです。

このため、アメリカでは特定のパロディ作品は果たしてフェアユースか、という切り口で解釈がはかられることになります。アメリカの裁判所は、一九九〇年代に入ってパロディについての考え方をかなり進展させました。そこではどんなことが問題になったのか、いくつかの実例を見てみましょう。

ロジャース対クーンズ事件

最初の事件は、正確にいえばパロディではなく、「シミュレーショニズム」という現代美術のジャンルで、他人の作品のアプロプリエーションが許されるか、が問題とされたケースです。他人の作品を素材的に流用したという意味では、前述したパロディモンタージュ写真事件にも似た部分があるのですが、モンタージュ写真事件と同様、アメリカでもパロディ裁判として扱われました。

借用されたのは、ロジャースというプロの写真家の作品です。彼は、ある夫婦の依頼で161ページのような写真を撮影しました。

なかなかかわいい写真ですね。タイトルは『パピーズ（子犬たち）』です。これは、土産物屋などで売られるカードとして数枚一ドルといった価格で販売もされました。このカードを見たのが、シミュレーショニズムの代表的作家のひとり、ジェフ・クーンズです。彼は、広告写真のような大衆文化のなかにあるさまざまなイメージを、自分の作品に取りいれてキッチュに再構成する作品等で知られる作家です。クーンズは、ロジャースのカードをイタリアにある工房に送り、こう指示しました。「そのカードとまったく同じように、等身大の像を作ってほしい」。

イタリアの工房は的確な仕事をおこない、クーンズのもとには像が四体送られてきました。彼はそれぞれの像に着色し、162ページのような作品に仕上げました。

クーンズの作品の芸術的評価は筆者の手に余りますが、彼が自分の作品において、ロジャースのオリジナル写真の持つ印象を根本的に変容させたことは疑いがないでしょう。オリジナルにあった、「典型的な幸福な夫婦」のイメージはここにはありません。あるのは恐るべき現代に生きるわれわれ自身の肖像ともいうべきものです。女性の髪に飾られたデイジーの花は、ほとんど残酷といえるほどの印象を、彼女の人生に与えています。

クーンズの作品は高く評価され、三体が合計三十六万ドル以上で売れました。数枚一ドルのカードが三十六万ドルの作品に。だからというわけではないでしょうが、ロジャースはクーンズを著作権侵害で訴えました。クーンズは、ロジャース作品に対するパロディはフェアユースとして許される、と抗弁しました（クーンズが自作を「パロディ」と見ていたのか、訴訟戦略上「パロディ」という用語を使っただけなのかは不明です）。

これに対して、連邦の第二巡回控訴裁は一九九二年、クーンズ敗訴の判決を下しました。判決内容は複雑ですが、裁判所はまず、パロディ作品は他の作品よりも著作権上、優遇される（つまりフェアユースにあたりやすい）と宣言しました。しかしながら、裁判所は、クーンズ作品はそもそもこうしたパロディにはあたらないと見たのです。裁判所によれば、「パロディとは、少なくとも部分的には、オリジナル作品を批評や諷刺の対象にしているものだ」ということになります。ところが、クーンズは果たしてロジャースの作品を諷刺・批評したかったのか。裁判所は必ずしもそうは見ませんでした。クーンズが諷刺したかったのは現代社会そのものであって、別にロジャースの作品や世界観が対象ではないのではないか。「だったら、別にロジャースの作品を使う必然性はなかったはずだ。単にロジャースの作品を使うと便利だから使ったにすぎないだろう。それではフェアユースの根拠としては弱い」というのが、裁判所の印象だったのでしょう。

アート・ロジャース『パピーズ（子犬たち）』（1980年）
（Robert A. Gorman & Jane C. Ginsburg著, *Copyright for the Nineties*〈The Michie Company, 1993〉より）

加えて、裁判所によれば、パロディであるためには、観客が自分たちの見ている作品が他人の作品を下敷きにしたものだということをわからなければなりません。たしかに、普通パロディというのは何がパロディにされているかわかるものですね。クーンズはこの点でも分が悪い。クーンズ作品を見た人々はおそらく、オリジナルの作品があったかどうかは考えもしなかったでしょう。

考えてみると、これは日本のパロディモンタージュ写真事件の場合にも、ぴったり当てはまる話ではないでしょうか。先に挙げた最高裁の基準はともかくとして、みなさんは、マッド・アマノ作品をどう思われましたか？　筆者は以前から、この写真はアマノさんの作品にしてはパロディとして弱かった、あるいはそもそもこの写真はパロディなのだろうか、という感想を抱いていました。これは複数の論者が指摘していることですが、白川作品を利用する必然性が果たしてあったのだろうか。単に「雪山にシュプールを描いているスキーヤー」の写真があればよかったのではないか、という印象が拭えません。

ジェフ・クーンズ『String of Puppies』（1988年）
（http://www.artnet.com/Magazine/features/polsky/polsky10-5-6.aspより）

　もしも雪山とスキーヤーの写真であればいいというなら、大変でも自分で撮影するか、あるいは正当な対価を払ってフォトライブラリーから入手するなりすべきだったかもしれません。白川写真を無断で利用する必然性はどうも乏しい気がしました。

　同じことはクーンズの場合にも当てはまるかもしれません。彼を批判する人々は言うでしょう。「クーンズは何も、ロジャースの作品とそっくり同じ像にする必然性はなかった。似たようなテイストを持つ夫婦の像を自分でデザインすればよかったのだから」と。これはおそらく、他人の作品を取り込む他の多くの作品に当てはまる批判でしょう。

著作権は芸術の限界を規定できるか

もっと極端な例を挙げれば――おそらくここで連想された読者も多いと思いますが――先に挙げたアンディ・ウォーホールやロイ・リキテンシュタインといったポップアートの作家はどうなんだろう、という疑問が湧いてきます。前述の通り、彼らはマリリン・モンロー、キャンベルの缶スープのラベル、パルプマンガのコマといった、現代消費社会を象徴するイコンを数多く作品にしました。それらは、二十世紀美術を代表する作品という評価を受けています。

キャンベルの缶は実用品ですから、そのラベルのデザインが果たして著作物かは多少微妙な問題ですが、仮にこれが著作物だとすると、ウォーホールは作品を作るにあたって、キャンベル社の許可を受けなければならなかったのでしょうか。キャンベルの許可を受けないまま作品にした場合、無断翻案ということで著作権侵害になってしまうのでしょうか。これは答によっては、ポップアートを含む多くの現代美術作品の死命にかかわる大問題に発展しそうです。

ロジャース対クーンズ事件の裁判所の考えに立つならば、ウォーホールは「キャンベル缶のデザイン」という作品自体を諷刺したり論評したいのではなくて、キャンベル缶に象徴される大衆消費社会や消費されるイメージを作品対象にしたのですから、必ずしもキャンベル缶でなくてもいいだろう、といえるのでしょうか。そういう言い方が成り立つなら、必ずしもコカ・コーラでなくてもいいし、必ずしもモンローでなくてもいい、ということになってしまいそうです。

たしかに、ウォーホール作品のようなポップアートは、狭い意味のパロディとは違いますね。しかしそれでも、ウォーホールにとってはキャンベル缶という存在がまとっているなんらかの「意味」が語る対象だったわけです。それを使うためにキャンベル社の許可が必要だったり、キャンベル缶もコカ・コーラの罎《びん》もモンローの写真も使わずにそれらが象徴するものを語れ、というのは芸術表現にとってはかなりの制約になる気がします。

クーンズやウォーホールには、他人の作品をそのまま取り込む必然性はあったのか？　この問題を考えようとするとき、筆者はある種途方にくれる思いにとらわれます。すべての作品（というのが語弊があるならばほとんどの作品）には、おそらくクリエイターにとっての創作上の必然性はあるはずだからです。クーンズはほかの写真ではなく、ロジャースの写真を取り込む必然性を感じたのかもしれません。彼の作家としての必然性に他人が、著作権を解釈する立場の他人が踏み込むことは果たして可能なのでしょうか。法律に携わる人間でこのことに躊躇を

上：ロイ・リキテンシュタイン『絶望して』（1963年、高階秀爾他著『西洋美術史』美術出版社、1990年より）、右：アンディ・ウォーホール『キャンベルスープ缶Ｉ』（1968年、ティルマン・オスターバルト著『ポップアート』tachen、2001年より）

覚えない者はほとんどいないでしょう。

しかし、翻って考えてみれば、著作権法という法律自体が、そもそも他人にとってそのプロセスは謎としかいいようがないはずの人の創作や表現を対象にした法律なのです。その法律を考えるうえで創作・表現の必然性に触れずに判断する。それで果たして著作権はその目的をまっとうできるのでしょうか。

『プリティ・ウーマン』事件

ところが、パロディ問題に対するアメリカの裁判所の態度は、一九九四年にひとつの転換点を迎えます。転換点とまでいうのはいいすぎかもしれませんが、少なくとも一九九四年のある事件から、問題への裁判所の理解はごく緻密化された気がします。その事件というのが、六〇年代の名曲、『オ・プリティ・ウーマン』をめぐるパロディ裁判でした。

パロディにされたのは、一九六四年のロイ・オービソンらのヒット曲で『オ・プリティ・ウーマン』(*Oh, Pretty Woman*)です。映画化もされたし、CMソングにも使われたので日本でも有名ですね。これをパロディにしたのは、「2・ライブ・クルー」というラップグループでした。このグループは、非常にアグレッシブな、政治的あるいは暴力的な歌詞の曲で有名です。

さて、グループのリーダーであるキャンプベルは一九八九年、なぜか『オ・プリティ・ウーマン』を題材に選んで、ラップ曲に大胆にアレンジしました。そして、そのデモテープをオービソンらの権利を管理する音楽出版社に送って、アルバムに収録する許可を求めたのです。しばらくすると、オービソン側から返事の手紙がきました。「貴バンドが売れていることは存じあげております。パロディの許可を出すことはできません」。

これはある種、典型的な返答ですね。前に書いた通り、みなさん、他人の作品のパロディは好きでも自分の作品のパロディは違うのかもしれません。さてここで、キャンプベル側は大胆なのか細心なのかよくわからない行動をとります。というのは、デモテープを送って許可をもらおうとして、そして断られたにもかかわらず、結局CDの発売を断行したのです。しかもご丁寧に、ジャケット裏面の作詞・作曲者名を見ると、オービソンたちの名前が書いてある。

これに対するオービソン側の反応も、部外者からはややわかりにくいものでした。オービソン側は一年間、このCDの発売を放置し、そしてCDが二十五万枚も売れた段階で、はじめてキャンプベルを著作権侵害で訴えたのです。

では、「2・ライブ・クルー」はオリジナルをどんな風にパロディにしたのでしょうか。オリジナルはイントロのベースリフが印象的な曲ですが、これはそっくりそのまま真似しまして、そしてオリジナルのメロディラインの一部をラップ風にアレンジしています。この点は、ラップですから意外性はないですね。

問題は歌詞の方で、オリジナルは、「かわいい女、街を歩いてる。信じられない、君のような娘がいるなんて」といった調子の、なんというか非常に甘い、ロマンチックな歌詞です。「2・ライブ・クルー」の方も、歌い出しは「かわいい女、街を歩いてる」で同じです。ただ、途中で「毛深い女だな、毛を剃れよ」などと言いだすあたりから怪しくなって、「○○女」(○○ウーマン)という言葉にかけながら、際限なく粗野で下品な方向に逸脱していくのです。最後は「二股女、ほっとしたぜ、赤ん坊は俺の子じゃない」で終わるという、よくこれを送って許可をもらおうとしたな、と感心したくなる内容です。

さて、事件は連邦最高裁までもつれ込みます。連邦最高裁はどう判断したのでしょうか。

くり返しご紹介した通り、アメリカの著作権法にはフェアユースという規定があって、他人の著作物であってもフェアユース、つまり公正な使用ならば許可を受けずにおこなうことができます。

どんな利用がフェアユースにあたるかといえば、考慮される四つの要素が明記されています。そこでは、「利用の目的と特徴」「利用される作品の性質」「利用された部分の量・実質」とならんで、「オリジナル作品に市場でダメージを与えないか」ということも大切な要素になります。つまり、人の作品を勝手に利用しておいて、それで市場でオリジナル作品の購買客を奪う、つまりオリジナル作品の売上げにダメージを与えるというのはまずいだろう、という考えです。

というのも、すでに述べた通り、そもそも著作権というものの根底に、市場でのフリーライドからオリジナルの売上げを守ろうという発想があるからですね。

さて、四要素のうちの「利用の目的」に関連して、先のロジャース対クーンズ事件の裁判所は、「パロディはフェアユースにあたりやすい」と宣言したうえで、クーンズの作品はパロディではない、と判断しました。そこでは、「パロディとは、オリジナル作品を批評や諷刺の対象にしているものだ」という判断がされています。

連邦最高裁は『プリティ・ウーマン』事件で、この問題にある種の決着をつけました。連邦最高裁によれば、そもそもパロディというジャンルだけが著作権上特別に優遇されることはなく、よって、ある作品が狭い意味の「パロディ」を目的としているかどうかは重要な問題ではありません。作品がフェアユースにあたるかどうかを判断するうえで大切なのは、新作品が単にオリジナル作品にとって代わろうとしているだけか、あるいは新たな意味やメッセージを持ったものに変更しているか、という点です。最高裁はこれを、「変容的《トランスフォーマティブ》」かどうか、という言葉で表現しました。たとえば、何かオリジナルとまったく違う感覚や視点でとらえ直しているとか、そういうことが大事だということですね。なぜならば、新しい視点で作品をとらえ直しているならば、それはオリジナルの作家が社会に提供していない新しい情報であり、社会にとって有益な情報かもしれないからです。その根底には、社会にはできるだけ多様な視点、多様な意見が提示された方がいいという、表現の自由の観点が間違いなく働いています。

そのうえで最高裁はいいました。「2・ライブ・クルー」はたしかに、オービソンの曲をまったく違う視点でとらえ直している。つまり、オリジナル曲のロマンチックな夢想を、下品な罵倒とか淫猥《いんわい》な性欲と対置させてみて、それによって現実の醜悪さから目をそむける態度を拒絶しているという意味において、「2・ライブ・クルー」の曲はオリジナル曲へのコメントであり批評である。

ここで、ちょっとおもしろかったのは、連邦最高裁の判事たちは、世代的にはおそらくオービソンの元歌の方に思い入れがあるのですね。それで、判決に「2・ライブ・クルーの曲の出来の良し悪しはともかくとして」とか、「作品が悪趣味かどうかはここでは問わない」などと、わざわざ断りを入れています。そんなことは、普通は判決では書きません。出来の良し悪しはともかくなんて、当たり前のことですから。だから筆者は、最高裁判事たちはよほど「2・ライブ・クルー」の曲が気に入らなかったのかな、と想像しています。

パロディを代表格にして、他人の作品を取り込んで再構築・再構成する表現形式を検討するうえで、『プリティ・ウーマン』事件の連邦最高裁が示した視点は示唆に富んでいます。連邦最高裁がいうように、オリジナル作品を新たな意味やメッセージを持ったものに変容している作品であれば、それは社会にとってオリジナル作品とは違った価値のある情報です。単にオリジナル作品に追随する作品やその延長上にある作品と違って、オリジナルの作家からは出てきにくい情報でもあるでしょう。そうした作品であって、市場でオリジナル作品の代替物になりにくいものであれば、オリジナル作品への迷惑も少ないのだから、許容される度合いはそれだけ高まるように思われるからです。

これに対して、パロディされる側からはこんな反論が出てくるかもしれません。「パロディはオリジナル作品に市場で迷惑をかけないというけれど、とんでもない。強烈・辛辣に茶化されたせいで、オリジナル作品のイメージが劇的に低下するのはあり得ることだ。その場合、結局、売上げは壊滅的な打撃を受けるじゃないか。これは、よくある模倣品よりもよほど大きな迷惑になりかねない。つまりパロディはオリジナル作品から借用しておいて、オリジナル作品に市場で打撃を与えているということだ」と。

『プリティ・ウーマン』事件の連邦最高裁はこの点について、「評価の低下」は著作権が問題にしている「市場での迷惑」とは違う、と述べました。仮に、人気のある作品について非常に辛辣なパロディが作られて、それで人々が「このオリジナル作品はいいと思っていたけれど、そういえば陳腐な、底の浅い作品だな」と思うようになって、売上げが落ちたとしますね。それは甘んじて受けろ、というのです。

たとえば、非常にヒットした映画について、ある批評家がきわめて厳しい批評を書く。その結果、人々のその映画に対する評価が極端に落ちて、売上げも落ちる。これは健全な批評活動です。連邦最高裁によれば、辛辣なパロディの結果、オリジナル作品の真価を人々がより理解するようになって人気が落ちるのはこれと同じことです。それは、正当な批評活動であって、社会にとってはむしろ有益でしょう。批評というものは、本来そのためにあるはずです。ですから、批評行為を著作権を使って防止しようとするのは、言い換えれば批評活動をおこなうためにオリジナル作家の許可が必要だというのは、これはおかしい、ということです。

そうではなくて、オリジナル作品から一部を借用して、オリジナル作品の競合品（少なくとも潜在的な競合品）を作る。競合品が売れることで、オリジナル作品側の売上げが落ちる。これこそが、著作権法が防止しようとしていることのはずです。たとえば、人気小説を他人が勝手に映画化してしまう。勝手に作られた映画には観客が集まるでしょうね。反面、オリジナル作家が自作を映画化して収入を得ることはかなり困難になります。仮に映画化しても、観客はおそらくいくぶん減るでしょう。それこそが、典型的なフリーライドであり、著作権法が防止しようとしていることです。

以上のような判断に基づいて、連邦最高裁は『プリティ・ウーマン』事件を控訴審に差し戻しました。こうして、他人の作品の「変容」を伴う借用がどのような基準で許容されるのか、かなり議論が進んだわけですね。日本には、辛辣なパロディから前述した共存型の二次創作まで、パロディをめぐる独自の土壌もあります。ですからアメリカと同じ基準である必要はまったくありませんが、パロディやアプロプリエーションなど、他人の作品の再構築・再解釈的な利用について、著作権法はどのような視点や基準で向き合っていくのか、まだまだ考えるべき問題は多いように思います。

4 引用

現行法の条文と最高裁「パロディモンタージュ写真」基準

このように、日本ではパロディやアプロプリエーションに適用できそうな規定が現行法にはっきりとは存在しないため、まず「入り口」で議論になります。

これに比べて、「私的複製」と同様に現行法で明瞭に許されているのが、他人の著作物の引用です。引用とは、パロディの項で触れましたが、「他人の著作を自己の作品のなかで紹介する行為」をいい、これは著作権者の許可がなくてもやってよいという規定が著作権法にあります。具体的には次のような規定です。

公表された著作物は、引用して利用することができる。この場合において、その引用は、公正な慣行に合致するものであり、かつ、報道、批評、研究その他の引用の目的上正当な範囲内で行なわれるものでなければならない。

（著作権法第三十二条）

これまたわかりにくい言葉づかいですね。注意したいのは、「引用して利用できる」という箇所で、「引用して複製できる」ではないことです。つまり、利用法は複製に限定されてはいないということです。許される引用であれば、それを書物や映像に複製するだけではなく、上演したり、放送したり、ネットワーク配信することもできます。

ところで、パロディモンタージュ写真事件の項で紹介した通り、日本の最高裁は、この引用が許される条件は次の通りだ、としています。

最高裁による引用の条件

①明瞭区別性、②主従関係（③著作者人格権を侵害しないこと）

どうでしょうか。一見すると著作権法の条文とまったく異なる条件ですね。そのため「最高裁のあの基準は、それだけ守っていれば他人の作品を引用しても許されるものなのか」という疑問が湧いてきます。この点が争われたのが、小林よしのりさんの人気マンガ『ゴーマニズム宣言』をめぐる裁判です。ちょっと見てみましょう。

『脱ゴーマニズム宣言』事件

ご存知の通り、『ゴーマニズム宣言』は小林さんの歯に衣着せぬ発言で人気のマンガですね。この『ゴーマニズム宣言』をいわば批判的に批評した、上杉聰さんの『脱ゴーマニズム宣言』という本があります。そのなかで、『ゴーマニズム宣言』からマンガのカットが五十七、引用されました。無論、小林さんの承諾はない。小林さんはこれが不満で、五十七カットも無断で複製しているのだから、『脱ゴーマニズム宣言』は著作権侵害、著作者人格権侵害などだと訴えを起こしたのですね。

これに対して、被告側は当然、「引用だから許される」と反論しました。たしかに、被告の使い方は最高裁の引用のルールには一応沿っているように思われます。まず、どこが小林さんからの引用部分か、「明瞭に区別」がついていますね。それに、バラバラな五十七カットでは独立した読みものにはならないし、その多くは一ページの四分の一以下のサイズで、全体が百四十九ページの本ですから量的にもメインとまではいえない。中心となるのはあくまでも評論部分でしょうから、「主従関係」もあるでしょう。最高裁の基準からすれば、許される引用のようにも思えます。

これに対して、小林さん側は概略、次のように主張しました。「最高裁の基準だけで引用が許されるわけではない。よく法律を読めば、〝公正な慣行〟に沿ったもので、〝報道……その他引用の目的上正当な範囲内〟の引用でないといけないと書いてあるではないか。だから、いくら明瞭に区別していたって、必然性のある引用でないといけないはずだ。しかるに、『脱ゴーマニズム宣言』という本は、小林よしのりの主張や意見を批評したいのであって、小林の絵を批評したいわけではないだろう。そうであれば、『ゴーマニズム宣言』から文章だけを引用すれば事足りるではないか。絵まで入れる必然性はないから、これは許される引用ではない」。

それに対して東京地裁は二〇〇〇年、小林さん敗訴の判決を言い渡しました。裁判所によれば、報道、批評、研究等の目的で引用をおこなう場合、あとは最高裁の基準による①明瞭区別性と②主従関係が認められれば、引用は許されることになります。それさえ充たしていれば、引用は引用者が「必要と考える範囲内」でおこなってよく、「必要最小限」でなくてもよいというのです。これが、客観的に見て明らかに不必要な場合でも引用を許す、という趣旨ならば少々乱暴な議論に聞こえます。そこまでの趣旨であるかはやや不明ですが、とにかく裁判所は「明瞭区別性と主従関係が認められれば、引用は許される」という立場を取りました。

そのうえで裁判所は、仮に引用の可否を判断するうえで必要性が重要だとしても、マンガというものは絵と文が不可分一体のものだから、絵と文を共に引用する必要はあった、と述べま

上は『新ゴーマニズム宣言スペシャル・脱正義論』より、左は『新ゴーマニズム宣言第37章』より、『脱ゴーマニズム宣言』に採録（目隠し付加）されたカット。
（同書、東方出版、1997年より）

した。

　こちらの点はうなずけます。たとえば被告は上図のカットの場合、小林さんが自分と反対の立場の人物の顔を醜くデフォルメして描いたことも批判しています。こういう批評のためには、やはりマンガのカットを引用する必要はあるでしょう。絵まで引用しなくても意味が伝わりそうなカットもなかにはありますが、絵を示すことで批評の正確性や質が向上することは間違いないという気がします。

　ですから筆者は、『脱ゴーマニズム宣言』は許される引用だとした裁判所の結論にはおおむね異論はありません。そして、判決と同じ年に起きた『絶対音感』事件やその後の『美術品鑑定証書』事件などで、裁判所は引用の基準をさらに精緻にしようと試みています。精緻にしようとしすぎるあまり、ちょっと議論が拡散ぎみに思えることもあります。
思うに、本来の意味の引用にとって、最高裁の挙げた「明瞭区別性」と「主従関係」というファクターは、法律の専門家でなくても比較的客観的な判断のしやすい優れた基準です。少なくとも典型的な引用については、この二要素に「引用の必要性」というファクターをある程度考慮して、許される引用を判断すべきではないでしょうか（なお、引用の際には誰のどの作品であるかなど「出典の明記」にも注意）。

引用は、私たちの社会にとって非常に大切な行為です。考えようによっては前項で触れたパロディよりも大切で、他人の著作物を広く伝達したり、研究したり、論評したりするということは、文化活動・社会活動のさまざまな局面において基本的なことなのです。しかし、筆者の知る限り、引用の例外は表現の現場では必ずしも本来の機能を発揮していないようです。まったく引用からは程遠いような「無断転載」が見られる一方で、ともすれば「君子危うきに近寄らず」で、とりあえずなんでも許諾をとろうという傾向も見られます。それもわからなくはないのですが、「とりあえず許諾」をとりに行って、もし断られたらどうするのでしょうか。「そのときはあきらめる」あるいは「許諾して貰える形で引用する」というのでは、自由な言論のために折角用意された「引用の例外」が泣かないでしょうか。

引用の名を借りたただ乗りとの区別をつけることは大切ですが、著作者に実質的な害がないような引用が過度に制約されたり、萎縮してしまわないように使われることが大切でしょう。

本章では、著作権の制限規定に関連して、現在大きな課題だと思える私的複製、パロディなどの他人の作品の再構築・再解釈を伴う利用、そして引用の三つの問題を取りあげてみました。このほかに、許可をもらわなくても他人の作品を利用してよい場合には、「非営利目的の上演・上映・貸与等」の場合や「教育機関での複製・公衆送信」「事件報道のための利用」「建築や公開の美術の利用」など、大切な規定が多数あります（120〜122ページの表参照）。

第五章　その権利、切れていませんか？

1　著作権の保護期間

さて、前章までで、著作物とは何であって、それにはどんな権利が発生するか、をご紹介しました。そして、普通なら著作権侵害にあたりそうな場合でも、例外的に著作権者の許可なく利用できるケースを見てきました。これで著作権はすべてでしょうか。いや、実はもうひとつ、忘れてはならない問題があります。それが、著作権の保護期間です。

これは、いってみれば、著作権者の許可なく著作物を使ってよい最後のケースのようなもので、著作権そのものがなくなる場合です。著作権の保護される期間は決まっていて、それが終わると著作権はもう消滅します。消滅した以上は、著作権者であろうが何であろうが、著作権に限っていえばなんの関係もない。絶対的な大原則です。別な言い方をすれば、著作権というのは、本来は自由に利用してよい世のなかのさまざまな情報の内から、著作物というものだけを切り取って、一定の期間についてだけ、しかも一定の利用についてだけ、著作権者に独占的な権利を認めた制度ともいえます。

ではいったい、著作権の保護期間はいつ終わる（切れる）のかというと、原則は「著作者の死亡の翌年から七十年後」です。著作権者ではなくて、著作者の死亡からです。つまり、作品が創作されたときから始まって、そのクリエイターの死後七十年が経過するまで、保護が続くのですね。

これは、一般的にかなり長いです。前に述べた通り、仮に三十歳で作品を創作した作家が八十歳まで生きたとしたら、生前五十年プラス死後七十年で実に百二十年間です。登録などの手続きは何もいらない、百二十年間の独占権です。しかし、その期間が過ぎてしまえば、もう著作権自体がなくなります。つまり、誰でも複製しようが、放送しようが、演奏しようが自由になるのです。

そんなわけで、筆者が弁護士として依頼者から、既存の文学作品や音楽の利用について相談を受けた際に、「あの作家の方はいつ亡くなりましたっけ?」などと尋ねることがあります。聞かれた方も、「ええ、大丈夫です」なんて答えたりします。人が亡くなっているのが「大丈夫」だなんて、考えてみたら不謹慎な話ですね。これはつまり、作者の死後七十年以上経っているから著作権は切れております、という意味の「大丈夫」です。

この「大丈夫」には「著作権は切れているのです。だからもう著作物か否かとか、著作権者は誰かとか、似ているか否かとか、制限規定にあたるか、なんていう面倒くさいことはなんにも考えなくていいんですよね」という安堵感を伴った念押しのニュアンスがあります。筆者としても、著作権についてはもう面倒なことを考えなくていいのですから、ひとつ肩の荷が下りる瞬間です。亡くなった方には大変失礼ですけれど。

ところで、この「死後七十年」の原則にはいくつか例外があります。たとえば、「匿名」「変名」、それに「団体名義」の作品の場合、「公表の翌年から七十年間」で著作権の保護は切れます（変名でも本人が広く知られている場合などは除く）。これは通常、著作者の死後七十年間よりも早く、ことによるとかなり早いです。なぜ公表時点から起算するかといえば、団体の場合がいちばんわかりやすいですが、死なないからですね。変名の場合も、世間的に亡くなったかわかりにくい場合があるからです。

これはあくまでも、どんな名義で公表されているかで判断されます。実態が個人の著作でも、団体名義なら公表から七十年間の保護です。ですから、世のなかには団体名義とか、変名で発表されている作品がたくさんありますけれど、仮に実態は個人が著作していたという場合、そのままにしておくと著作権は早く切れます。では、どうすればいいかというと、いくつか手段はあるのですが、たとえば公表から七十年が経つ前に実名で公表し直すという方法もあります。そうすれば、死後七十年間という原則に戻ります。

それから、映画の著作物も公表されてから七十年間の保護です。これは、映画の場合監督やカメラマンなど著作者がたくさんいるケースが多く、著作者の死後年数では確定しにくいからでしょう。

2　国際的な保護

ここで著作権の国際的な保護についてご説明しておきましょう。日本作品の海外での著作権はどうなっているのか。逆に、海外の作品は日本では著作権を認められるのか。そもそも、著作権とは万国共通なものなのでしょうか。

まず、著作権は万国共通ではなくて、各国ごとにそれぞれの国の著作権法があります。各国法の内容は、国際条約がありますから根本は似ていますけれど、細かい点はかなり違っています。アメリカなどは、実は結構ほかの国と違っています。

それでは、日本の作品はロシアに持っていった場合、いったいどこの国の法律で考えるのか。フランスの作品を日本に持ってきたらどうなのか。

これは、原則としてどこの国の作品であれ、日本で出版されたり放送されるときは、日本の法律で考えます。逆に、日本の作品でも、海外で利用されるときは、その国の法律で考えます。つまり利用される国の法律（保護国法）が適用されます。ですから同じ作品でも、利用される国によって著作権の扱いが少し変わったりするわけです。

日本の著作権法は、わが国が条約上保護の義務を負う作品ならば、日本の作品と同じように保護する、と規定しています。そして、日本は世界中のほとんどの国と国際条約——たとえば、ベルヌ条約やＴＲＩＰｓ協定（知的所有権の貿易関連の側面に関する協定）——を結んでいます。ですから、世界中のほとんどの国の作品は、日本でも日本の作品並みの保護を受けます。

著作権の保護の期間も、日本では日本法で考えますから、ヨーロッパの作品だろうがアジアの作品だろうが、日本では著作者の死後七十年間守られるのが原則です。ただし、これにも相互主義というルールなどいくつか例外があり、特に気をつけないといけないのが、「戦時加算」というものです。

戦時加算とは何かというと、かつて日本は戦争をしましたね。当時連合国側だった国の国民の作品で、古いものは、日本との交戦期間の分だけ日本での著作権の保護が自動的に延びるとされています。

これはなぜかといえば、日本が敗戦国だからです。こう書くと語弊がありますが、当たらずといえども遠からずでしょう。「日本はこうした連合国と交戦期間中は、連合国の著作物を守っていなかったのだから、その期間だけ保護を延ばすべきだ」というわけで、それぞれの作品について、日本と交戦中だった期間分、保護を延ばすことになったのです。ちなみに、こういう義務を負わされているのは日本側だけです。

たとえば、一九三九年に公開されたアメリカの映画『風と共に去りぬ』という大作があります。この作品は、日本との交戦期間中は日本で著作権を守られなかったという前提で、その分だけ保護期間が延ばされます。交戦期間中というのは、これは一九四五年までだと思うのは間違いで、サンフランシスコ平和条約発効までは建前上「交戦期間」です。マッカーサー元帥がやってきて、子どもたちが「ギブ・ミー・チョコレート」と言っていても交戦中です。ですから、アメリカの場合、戦時加算は最大で十年五カ月くらいになります。『風と共に去りぬ』の場合なら、公開された一九三九年からで、最大の十年五カ月間、保護期間が延ばされますね。つまり、公表から七十年間にプラス十年五カ月で、おそらく二〇二〇年ごろまで日本での保護は続くでしょう。

というのは嘘です。ひとつ注意しないといけないのは、先ほど映画は公表後七十年間の保護、と書きましたけれど、あれは二〇〇四年一月からであって、それまでは映画の保護期間は公表後五十年間だったのです。保護期間というものは往々にしてそうですが、延長の段階ですでに保護が終わっている作品を復活させることはしません。世間ではすでに著作権の保護は終わったと思っているのに、後から「もう一度保護することになりました」と言ったりしたら、混乱するからです。

つまり、二〇〇三年暮れの時点で保護期間が終わっていた映画は、その後の二十年延長の恩恵には浴さない。あくまでも著作権の保護は終わったままです。『風と共に去りぬ』は一九三九年公表。日本での保護期間は日本法で考えますから、今回の延長以前は公表（正確にはその翌年）から五十年間で、戦時加算約十年五カ月が加算されます。つまり、一九四〇年の五十年後プラス十年五カ月で、二〇〇〇年中には日本での保護は終了してしまい、二〇〇四年の保護延長では復活しませんから、映画『風と共に去りぬ』の日本での保護期間は終了済みと考えられます。これを誰でも利用できるという意味で、「パブリック・ドメイン」といいます（なお、筆者は『風と共に去りぬ』には当てはまらないと思いますが、こうした古い映画の場合、現行著作権法の前の「旧著作権法」の解釈によっては、さらに長く保護が続いていることがありますので注意が必要です）。

どうでしょうか。ちょっと複雑な話でしたけれど、ちょうどいい頭の体操になったでしょうか。196ページに保護期間のまとめの表を掲載しましたので、どうぞご覧ください。

第六章　「反著作権」と表現の未来

1　アメリカ「ソニー・ボノ法」違憲訴訟

　さて、著作権の保護期間は死後七十年が原則と書きましたが、実は従来の世界的な標準は死後五十年でした。しかし、これを一九九〇年代に欧米は一律二十年延ばします。アメリカの著作権の保護が二十年間延長されたのは、一九九八年十月に連邦議会を通過した「ソニー・ボノ法」という法案によってでした。この法律は、その後大規模な憲法訴訟の対象になりました。

　ソニー・ボノ法の成立で、一九七八年以降に創作された作品については、原則著作者の死後七十年間の保護となりました。また、一九七八年より前に創作・発行された著作物の保護期間は、それまでほぼ発行から最大七十五年間の保護だったものが二十年延びて、最大九十五年間に延長されることになりました。

　この法律のおかげで、著作権の保護がほとんど終わりかけていた古い映画や舞台作品がかなり救われることになりました。おおむね一九二〇年代に公表された作品あたりから延長のメリットを受けたわけですが、この時期はハリウッドもブロードウェイもある種の黄金時代でしたので、その影響は大きいものでした。

　ソニー・ボノ法で延命された作品の一例を挙げれば、音楽『ラプソディー・イン・ブルー』

（一九二四年）や『ティー・フォー・トゥー』（同年）、文学ではA・A・ミルンの『くまのプーさん』（一九二六年）やヘミングウェイの数作品、ミュージカル『ショウボート』（一九二七年）、そしてキャラクター「ミッキーマウス」（一九二八年）が挙げられます。さらに、ユニヴァーサルのモンスター映画のヒーローたち、「ドラキュラ伯爵」（一九三一年）や「フランケンシュタインの怪物」（同年）がこれに続きます。

ミッキーマウスについていえば、彼の最初の主演映画『蒸気船ウィリー』は一九二八年に公表されましたから、そこに登場したミッキーの原型（基本キャラクター）は本来、アメリカでは七十五年後の二〇〇三年に保護が終わるはずでした。つまり、二〇〇三年にはパブリック・ドメインになって誰でも自由に利用できるところだったのです。

そんな事情もあって、ソニー・ボノ法が成立した背景には、ハリウッド・メジャーやレコード業界の関係者による活発なロビー活動があったそうです。ミッキーマウスなどは、ディズニー社に毎年大変なライセンス収入をもたらしていますが、ミッキーの基本キャラクターがパブリック・ドメインになって誰でも自由に使えるようになったら、こうした権利収入はかなり減るでしょう。これはディズニーにとっては重大な問題です。それで、この法律は通称、「ミッキーマウス保護法」とも呼ばれました。

ところが、この新法は一九九九年、大学教授などの三人の市民から、違憲訴訟を起こされてしまったのです。原告側は、著作権の二十年間保護延長は、アメリカ憲法に違反するから無効だと主張しました。新法が無効になれば、いったん二十年間延びた保護期間がまた元に戻ってしまいます。原告側にはその後、五十二人の法学教授、十七人の経済学者、全米作家協会から半導体メーカーのインテルまで、さまざまな個人や団体が補助的に参加して、大いに話題になりました。

アメリカでは、著作権の保護には憲法上の根拠規定があります。それは、「著作権・特許条項」（第一条第八節第八項）と呼ばれるもので、そこには、「議会は、限られた期間中（for limited times）、作家と発明家に対して著作や発明に対する独占権を与えることができる」と明記されています。

この「限られた期間」という言葉を根拠にして、原告側は、あと二十年も延長するのは長すぎると主張しました。つまり、発行後九十五年間とか、著作者の死後七十年間という期間は、半永久的といってよく、憲法が認めた「限られた独占期間」の範疇をはるかに超えているというのです。

原告はなぜこんな裁判を起こしたのでしょうか。その背景には、パブリック・ドメインという存在は、私たちの文化活動にとって非常に重要だという認識があります。

つまり、さまざまな作品は著作権者が独占しているから、許可がなければ誰も利用はできません。しかし、いったん保護期間が終わってパブリック・ドメインになれば、ユーザーは、これを自由に無料で利用できます。それだけではありません。そもそも新しい作品というのは、多かれ少なかれ古い作品を創造の源泉としてその上に成り立つものだ、と原告側は主張します。

たとえば、現在知られている赤い服を着た太ったサンタクロースの姿は、十九世紀のアメリカのマンガ家であるトーマス・ナストという人物が、保護期間がもう切れていたやせぎすの「ファーザー・クリスマス」の絵柄を使って、大胆に翻案したものだそうです。仮に当時、今と同じ著作権保護期間がアメリカで認められていたら、今のようなサンタクロースは誕生していなかっただろう、と保護期間延長に反対するデニス・カージャラ教授は述べています。

この点、同じような例は多数見つけることができるでしょう。前に述べたように、最大の劇作家であるシェイクスピア自身が、他人の作品からの翻案の天才でした。当時、今のような著作権があって、厳格に運用されていたら間違いなく彼の作品の大半は存在していなかったはずです。ボードレール、ブラームス、ラフマニノフ、マネ、ピカソなど、他人の作品を下敷きに傑作を生みだした芸術家の例は尽きません。『シラノ・ド・ベルジュラック』というキャラクターは元は実在の人物ですけれど、でか鼻で剛勇無双という今のイメージが固まったのはフランスの劇作家エドモン・ロスタンの戯曲からです。その後、彼の物語はそれこそ無数に映画化されたり舞台化されましたけど、著作権の保護がまだ続いていたら果たしてできたでしょうか。

『西遊記』（完成者は呉承恩といわれる）の著作権が今でも続いていたら、堺正章さんの孫悟空も志村けんさんの孫悟空も生まれていなかったかもしれません。

違憲訴訟の原告側の言い分はつまり、「パブリック・ドメインとなった作品は、私たちの創作の源泉なのだ。その泉を枯らしたら、創作ができなくなるだろう。著作権を守って文化が死滅したら元も子もないだろう」ということですね。死後五十年間、発行から七十五年間で、もう充分に長いのだから、これ以上延ばしても百害あって一利なしというわけです。

これに対して、期間延長への賛成派は、第三章で述べたインセンティブ論に立って、「著作権の保護を手厚くすることが、クリエイターに新しい創作のエネルギーを与える。創作へのインセンティブになるのだ」と主張しました。反対派はこれを批判して、「発行から七十五年も経った作品の保護期間をさらに延ばしたからといって、なぜ新しい作品作りを応援していることになるのか」と問い返しました。

つまり、「著作権がごく短い期間しか保護されなければ、たしかに新しい創作を細らせるかもしれない。しかし、自分の死後五十年以上も先のことを考えて創作する人がどこにいるというのか。また、保護が自分の死後五十年後に終わるか七十年後に終わるかが、現在のクリエイターの創作にとってどんな影響があるというのか」ということです。期間が発行後七十五年か九十五年かに興味があるのは、作品を創作したクリエイターとは別の人たちだろう。つまり、作品の権利収入を得ているごく一部の作者の孫や曽孫《ひまご》とか、あるいは企業の株主や経営陣だろう。創作へのインセンティブとはなんのかかわりもないじゃないか、ということでしょう。

大論争となったソニー・ボノ法ですが、二〇〇二年二月、連邦最高裁が上告を取りあげて審理する決定をしたため、原告側は大いに盛りあがりました。見込みがなければ門前払いを受けますから、最高裁が審理に入るというのは、多少とも違憲になるチャンスがあるということだったのです。

しかしながら、原告側の期待むなしく連邦最高裁は、二〇〇三年一月、七対二の評決でソニー・ボノ法の合憲を確認する判決を下しました。これで、アメリカでの保護期間二十年延長は確定的になりました。EU諸国はもう先行して延ばしていましたから、先進国で死後五十年間を守っているのは、日本やカナダなどだけという状況になりました。その後、日本でも延長の是非をめぐって大論争となり、賛否の議論を尽くしたうえで延長は事実上見送られました。しかし、二〇一〇年代に入ってTPPの関連で議論が再燃し、政府はついに、日本の著作権も一律で二十年延ばすと決定します。その結果、二〇一八年十二月から前述のように死後七十年が原則となりました。ただし、映画と同様、この段階で死後五十年などが経過してパブリック・ドメインとなっていた作品が復活することはありません。

このように、条約や度重なる延長の影響で、日本での保護期間の計算は大変複雑なことになってしまっています。ここで、理解の整理のために、これまでの保護期間のルールの考え方をまとめてみましょう。もっとも、これでもさらに細かい例外などは省略したものです。

〈保護期間のできるだけ簡単なまとめ〉（二〇二〇年現在。他にも例外などあり）

①まず著作者の死亡の翌年（匿名・変名・団体名義と映画は公表の翌年）から五十年で計算。

②映画は二〇〇三年末に存続していたらさらに二十年延長。かつ、旧著作権法により監督の死後三十八年間などの期間は消滅せず。

③映画以外の作品は二〇一八年十二月二十九日に存続していたらさらに二十年延長。

④ただし写真は、一九五六年以前に発行された作品は名義を問わず原則消滅。

⑤以上のすべてについて、本国での保護期間が日本より短い外国作品は、「相互主義」により本国での保護終了と共に日本での保護も終了。

⑥さらに以上のすべてについて、戦前・戦中の連合国の作品は戦争期間の分（戦前作品なら十年五カ月など）、「戦時加算」で日本での保護が延びる。

2 「反著作権」や「フェアユースの拡大」

こうしたパブリック・ドメインを重視する立場と相通ずるものとして、著作物のフェアユースを幅広く認めようとか、著作権をある程度制限的にとらえていこうという考え方が支持を集めています。

たとえば、著作権を英語で「コピーライト」といいますが、それをもじって「コピーレフト」という言葉があります。ライト（右）に対してレフト（左）ですが、レフトには「残された」という意味もありますから、つまり「著作権を強く主張せず、ユーザーやほかのクリエイターのために作品を使えるようにしておこう。彼らのために残しておこう」というニュアンスがあるのでしょう。具体的には、ソフトウェアのようにお互いに作品を改良し合う傾向が強いジャンルで、フリーウェアの形で、非常に広汎な自由利用や改良を認めて人々に作品を提供し、そのかわり相手も改良版を同じ条件で人々に提供するよう求める考え方ですね。

これは、本来は著作権自体を否定するものではなくて、権利者自身が一部の作品について著作権は保持したうえで、その成果を共有していこうという考え方です。

あるいは、アメリカには「デトリタス・ネット」（detritus.net）というウェブサイトが生まれました。これは、ある種の運動の名前でもありますが、「フェアユースの拡大」をテーゼとして掲げています。そこでは、趣旨に賛同したアーティストたちが、パロディとか、コラージュ、サンプリングによる作品を発表しています。著作権が強調されれば作りにくくなるような作品を、あえて発表しつづけているのです。

彼らの主張を読むとその根底には、「オリジナル、オリジナルと主張するほどの創作性が個人にあるのか」という、オリジナリティへの懐疑が横たわっているように思えます。つまり、われわれは先人の作品を土壌にして新しい作品を生みだせるのだし、だからこそ、みずからの作品も土壌として人々に返していくべきだ、という考え方ですね。デトリタスというのは、「有機土壌」といった意味です。

ソニー・ボノ法の違憲訴訟を闘った、スタンフォード大学（当時）のローレンス・レッシグ教授の唱える「コモンズ」という概念も、これと似た考えです。「コモンズ」というのは、人々が自由に享受できてしかるべきもの、「公共財」といった意味ですね。道路や公園などを指す言葉です。つまり、文化というものはみんなが自由に享受できる公共財のはずだ。だから、知的財産権をあまり強調して、その公共財を使えないようにしてしまうのは危険だろう。著作権の保護期間などの問題は、こういう公共財としての文化の性格を考えて議論すべきだ、ということです。

これらの考え方は、著作権の保護期間やフェアユースだけに当てはまるものではありません。新しい創造の源泉という意味では、著作権が及ばないアイディアや、歴史上の事実もそうです。世のなかのあらゆる情報、森羅万象のすべてが私たちの精神生活を形作っているし、創作活動の源泉となるでしょう。そのなかで、誰かの許可がなければ使えない情報の存在をどれだけ認めるか、という問題といってもよいと思います。

もっとも、こうした欧米での議論は、知的財産の保護では先行した（あるいは行きすぎた）アメリカやヨーロッパだからこそそれなりに支持を得た考え方かもしれません。これに対して、世界には著作権という考え方、人々の知的な創作に権利を認めるという考え方自体がまだ充分に普及していない地域もあります。いまだに海賊版が日常化しているといわれる国もあります。

これらの国々にも言い分はあります。製薬特許などをめぐるのと似た議論で、「先進国は豊かな富を背景にして素晴らしいコンテンツを作る。そしてそのコンテンツで世界中を席巻し、ときにはその地域固有の文化を片隅に追いやる。そのうえで貧しい国から著作権の名の下に高額な使用料を取るのは、これは形を変えた帝国主義ではないか」といった議論です。いわゆる文化帝国主義の議論に通じます。

こうした議論は充分傾聴に値しますが、だからといって海賊版業者が他人の作品で勝手に儲けていいという結論には直結しないでしょう。「コピーレフト」を提唱したリチャード・ストールマンも「コモンズ」のレッシグ教授も、純然たる海賊行為には決して与していません。レッシグ教授はその著書 *The Future of Ideas* で、「友人から、一枚一ドルで手に入れた五百枚のＤＶＤのコレクションを見せられると、気分が悪くなる」と述べています。作品を創作したクリエイターやプロデューサーが正当な対価を得ることは、文化創造にとって本質的なことだと信じているからでしょう。

3 再び『ロミオとジュリエット』をめぐって

オリジナリティへの懐疑という言葉が出ましたが、オリジナルということは実に深遠な問題だと筆者が教えられた出来事があります。それは第三章で述べた、『ロミオとジュリエット』をめぐって起きました。

もうずいぶん前になりますが、創立まもない日本劇作家協会主催のイベントで、著作権を考えるための公開模擬裁判がおこなわれたことがあります。前に述べた『ロミオとジュリエット』と『ウエスト・サイド物語』を題材に使い、『ウエスト・サイド物語』は果たして著作権侵害なのかを考える裁判です。筆者は裁判官役で参加し、著作権侵害であるとするクロ派の代理人を劇作家の横内謙介さんが、侵害ではないとするシロ派の代理人を劇作家の竹内銃一郎さんがそれぞれ演じました。二日間に及んだこの論争から、筆者は多くのことを学びました。

すでにご紹介した通り、『ロミオとジュリエット』にはアーサー・ブルックという人物の書いた「種本」の物語詩があります。両者のストーリーは酷似しているといってよいでしょう

（96・97ページ参照）。『ウエスト・サイド物語』が『ロミオとジュリエット』に似ているといっても、それはほぼこの種本に存在している出来事ばかりです。そうであれば、シェイクスピアはそもそも自作に対してみずからのオリジナリティなど主張できないのではないか。

あるいはこれは、多くのクリエイターと作品の関係にも言えることなのかもしれません。以前にも登場したエニグという人物は、『剽窃の弁明』という著作のなかで、「文学とはまさに縫製、挿し木……の結果であって、創造のうえでオリジナリティーなどまやかしにすぎない」と断言しました。シェイクスピアとブルックの種本の関係を見るとき、筆者もそういう思いに囚われることがあります。本書でたびたび取りあげた現代美術もまた、オリジナリティへの懐疑をその通奏低音のひとつとしつつ、既成の製品やイメージを自作のなかに取りいれてきました。

高度に情報化され、イメージの大量複製が容易な現代は、本当にオリジナルなものなどない時代だ、といわれることもあります。まして、何かがオリジナルであるということは人々の幸福にとってどれほど大事なことでしょうか。私たちは常に、どこかで見た感動に身を委ね、それでけっこう幸せでいられるのかもしれません。既存の作品からの流用や使いまわしで人々が充分幸福でいられるならば、オリジナルな表現だけを手厚く守る必要はどこにあるのでしょう。

ところで、ブルックの種本とシェイクスピア版はそっくりといっても、わずかながら違っている部分もあります。ご存知の方も多いでしょうが、たとえば、種本の方ではふたりが出会ってから死ぬまで九カ月ものときが経過するのですが、シェイクスピアはこれをわずか五日間の物語に凝縮して、出会いから死へと突き進む幼い恋人たちの緊迫したドラマに仕上げた、などです。

ブルック作品にないシェイクスピアの主な創作

①九カ月以上にわたる物語を全部で五日間に圧縮したこと。
②ジュリエットの年齢が十六歳から十四歳直前にまで引下げられたこと。
③ロミオとジュリエットの性格が純粋化され、行動的になっていること。
④ロミオの友人、マキューシオの個性化。
⑤ロミオによるジュリエットの従兄（ティボルト）殺害の理由が、ティボルトがロミオの腕の下をかいくぐってマキューシオを殺害した点にあること。
⑥ロミオと出会う以前に、ジュリエットを与えるという約束が、父親のキャプレットとほかの男（パリス）とのあいだでできていたこと。
⑦墓場でのパリス殺害。

ブルック作品の主題は、軽率な若いふたりの行為に対するピューリタン的警告である、などといわれます。これに対するシェイクスピアの翻案の主眼は、幼いふたりの恋の純粋化と、それが周囲の人々の勝手な行動や皮肉なめぐり合わせによって破局に向かっていくさまを描くことで、ふたりの悲劇をいっそう際立たせた点といえるでしょうか。これらの工夫や力強く無駄のない表現によって、作品はより純粋な愛の悲劇へと昇華しています。

前述の模擬裁判での横内代理人の説明によれば、そのなかでも決定的だったのは、主人公のふたりが犠牲になることで、対立するモンタギューとキャプレットの両家が和解し、ふたりの黄金の像を建立することにするというラストシーンでした。なぜなら、「愛する者たちの犠牲による共同体（＝世界）の救済」というメッセージを際立たせたことは、シェイクスピアの優れた独創だったからです。

たしかに、オリジナリティというものは決して分量だけで測れるものではありません。わずかな違いのなかに、決定的なオリジナルな工夫が隠されていることもあるでしょう。横内さんの語り口の妙か、『ロミオとジュリエット』はやはり、シェイクスピアの「最後のワンタッチ」によって時代を画する独創性を獲得したのだと、筆者はすっかり説得されたことを覚えています。

現代は、たしかに何がオリジナルであるか見えにくい時代ではあります。けれども注意深く眺めれば、私たちの社会のさまざまな表現活動のなかに、他の作品をもってはかえがたい独創性はあまた見出すことができるのではないでしょうか。それらは作家の才能と心血を注いだ努力の結晶であり、限られた人生を生きる私たちを永遠の時間へと結びつける糧となり、ときには世界を変える可能性すら秘めています。そして、そのオリジナルな表現を守ることが、新しい芸術文化が生まれつづけるために有益なのだ、ということが著作権という壮大な社会実験の根本理念です。

正当な権利が尊重されること。ただし、権利を守るために、他人の創造的な活動を抑えつけすぎたり、人々が芸術文化を楽しむ自由を抑圧しすぎないこと。私たちの社会は、ここでも難しいバランスと、絶えざる自問を求められているように思います。

あとがき

　本書は、著作権制度全体の入門書や実務書と呼ぶには、いささか不十分な内容の本です。たとえば、著作物についての説明からは、編集著作物やデータベースの著作物など、著作権の内容からは、頒布権の消尽についての議論など、いくつかの重要な項目や例外、補足説明すべき点が抜け落ちています。何より「著作隣接権」という著作権と並ぶ重要項目については第一章で若干触れているだけです。

　これは、著作権についての網羅的な知識を伝えることよりも、著作権というものの全体像や考え方を示すことが本書の第一の目的だからです。さらにいえば、いまやさまざまな文化活動（ビジネス的にいえば「コンテンツ産業」）を語るうえで無視できない存在となった「著作権」という権利との向き合い方を考えることが、本書の目指したことです。より網羅的な知識の取得には、参考文献の末尾でご紹介した各文献を推薦しますが、本書によって著作権の全体像をつかまれた読者であれば、これらの精緻な文献の理解はおそらくより容易でしょう。

著作権については近時、従来の文化振興という側面のほか、産業保護という側面が重要になってきたという指摘もありますが、本書ではあえて「豊かで多様な文化の創造と、人々のそれへのアクセスをどう守るか」という視点にこだわり抜いてみました。ここでご紹介した著作権をめぐるさまざまな問題は、ひと言でいえば「守られるべき権利」と「許されるべき利用」のバランスという問いに還元できます。それは常に「文化の創造とアクセス」への眼差《まなざ》しをもって考えられるべき問題です。

本文中でご紹介した通り著作権は比較的若い法制度で、特に二十世紀以降の複製技術・メディアの発達やこれに伴う文化潮流のなかで、その役割や射程を大きく問われています。そのためもあり、あるいは知的財産権というものの宿命上、著作権法の条文は、（畏友桑野雄一郎弁護士の言葉を借りれば）「法律としては欠陥品とさえいいたくなるほど」ときに曖昧模糊《あいまいもこ》としており、その解釈や運用には「著作権によって何を達成するのか」という視点が欠かせないものとなります。

本書の目的は、実務家としての筆者にとっても常に付きまとう、この「視点」をいくぶんなりとも提示することにあったのですが、充分に達しえたかといえば、はなはだ心許なく、筆者の手には余る主題だったという思いも拭えません。文字通り読者の批判を仰ぐばかりです。

本書の第一稿が執筆されたのは二〇〇二年の夏ですが、その原型になったのは、二〇〇〇年から二年間、舞台芸術関係者を対象にセゾン文化財団主催で開催され、筆者が講師を務めた著作権などに関する十回の連続講義でした（ナビゲーター、奥山緑さん）。そのまた基本的視座を与えてくれたのは、一九九七年より筆者が留学した米国コロンビア大学ロースクール（法科大学院）のジェーン・ギンズバーク教授による、刺激に満ちた著作権の講義です。

その後、社団法人著作権情報センターなどの主催でおこなわれた筆者の講演の多くは、この執筆された第一稿の特定の箇所を発展させる形でおこなわれ、最終的には二〇〇四年四月より東京藝術大学（音楽創造環境科）において筆者が担任した著作権の講義に集約されました。本書は、ほぼその講義内容を再現したものですので、ある意味では、過去五年間に筆者がおこなった著作権に関する講義・講演のささやかな集大成ということもできます。

例にもれず、本書もまた多くの人々の協力がなければ完成できないものでした。主要参考文献として挙げた各書籍・論文はもとより、多数の文献・判例や先輩諸氏との対話、右に挙げた講義・講演における参加者からの指摘や質問、さらには原稿に目を通してくださった前述の桑野弁護士をはじめ多くの方々のコメントから、筆者は貴重な示唆と知見を得ました（いうまでもなく、文責は筆者ひとりにあります）。新書編集部鯉沼広行さん及び綜合社編集部三好秀英さんの献身的な努力がなければ本書は刊行され得なかったことも申し上げなければなりません。最後に、いつもながら、筆者の妻とふたりの娘の忍耐と応援に心から感謝します。

なお、本文中の引用図版はすべて、筆者の責任で選択し掲載したものです。

二〇〇五年三月　ようやく春めいた日に

福井健策

改訂版に寄せて

筆者の最初の新書だった『著作権とは何か』の刊行から約十五年が経過し、その間、重版は九度を数えました。筆者の予想と力量を超えて読者の皆さんに愛していただいた、幸福な本だと思います。

十五年の間に筆者の身や著作権と文化を取りまく状況に起こった変化については、ここではとても書き尽くせません。ただ、この本をきっかけに文章が書けると勘違いされて六冊の新書とたくさんの共著やコラムに追われ、じゃなくて書き、数えきれない講演や公開フォーラム、検討会議に追われ、じゃなくて楽しみ、何より多くの仲間たちと出会えた、やはり幸福な十五年だったように思います。

その間、著作権法もいく度もの改正をくり返し、多くの判例や議論を経て、とうとう本書も改訂せざるを得ない時が来ました。ただひとつ残念なのは、その改訂のきっかけが著作権の保護期間がついに「死後七十年」に延びたことである点なのですが……それは書かないでおきます。あっ、もう書いたか。

とはいえ、今回の作業は情報が不正確になってしまった箇所を補うための改訂にとどめ、極力もとの文章を残しました。十五年前の文章は当然今から読めば「若書き」としか言いようがない箇所に満ちている訳ですが、当時の自分の言葉を今の自分が検閲することは極力自制したつもりです（制限規定の表と私的複製・保護期間の項はかなり加筆しました）。そして、改訂を通じて、筆者は「十五年前の福井健策」との出会いを楽しんだように思います。読者の皆さんにも、本書との対話を楽しんでいただければ望外の喜びです。

初版時の謝辞に加えて、本書の改訂を手掛けてくださった集英社の東田健新書編集部編集長、尽力をいただいた鯉沼広行すばる編集長、校閲をはじめ出版を支えてくださったすべての方々に、心から感謝します。そしてこの間大きく増えた事務所の仲間たち、変わらず力を与えつづけてくれる妻とふたりの娘に。

二〇二〇年　年の呼び名が変わった最初の新春に

福井健策

主要参考文献

（本文中で挙げた文献・判例のほか）
Robert A. Gorman & Jane C. Ginsburg, *Copyright* (6th Ed., Foundation Press 2002)、及び同書の翻訳である内藤篤訳『米国著作権法詳解――原著第六版』（信山社出版・二〇〇三年）
Linda Hutcheon, *A Theory of Parody* (Univ. of Illinois Press, 2000)、及び同書一九八五年版の翻訳である辻麻子訳『パロディの理論』（未来社・一九九三年）
Lawrence Lessig, *The Future of Ideas* (Vintage Books, 2002)、及び同書二〇〇一年版の翻訳である山形浩生訳『コモンズ――ネット上の所有権強化は技術革新を殺す』（翔泳社・二〇〇二年）
Melville B. Nimmer & David Nimmer, Nimmer on Copyright (Matthew Bender, 1997)
有馬哲夫著『ディズニーとは何か』（NTT出版・二〇〇一年）
岩根圀和著『贋作ドン・キホーテ』（中公新書・一九九七年）
小津次郎編『シェイクスピア作品鑑賞事典』（小田島雄志執筆部分・南雲堂・一九九七年）
佐藤薫著『著作権法第20条第2項第4号の解釈と表現の自由権』著作権研究第一七巻（一九九〇年）
高階秀爾監修『西洋美術史』（美術出版社・一九九〇年）
高階秀爾著『ピカソ　剽窃の論理』（ちくま学芸文庫・一九九五年）
田中辰雄・林紘一郎編著『著作権保護期間』（勁草書房・二〇〇八年）
米沢嘉博監修『マンガと著作権　パロディと引用と同人誌と』（青林工藝社・二〇〇一年）

ジャン・リュック・エニグ著、尾河直哉訳『剽窃の弁明』（現代思潮新社・二〇〇二年）
ティルマン・オスターヴォルト著、磯部和子訳『ポップ・アート』（taschen・二〇〇一年）
ニコス・スタンゴス著、宝木範義訳『20世紀美術』（PARCO出版局・一九八五年）
アーサー・ブルック編、北川悌二訳『ロウミアスとジューリエットの悲劇物語』（訳者解説・北星堂書店・一九七九年）
ジョン・ミシェル著、高橋健次訳『シェイクスピアはどこにいる？』（文藝春秋・一九九八年）
コピライト（著作権情報センター）各号、著作権判例百選（有斐閣）各版、各新聞及びウェブサイト・ニュース
"Remake of Tezuka's Popular Story Turns Into Denial?" (https://kimbawlion.kimba.biz/rant2.htm)

（以下、著作権に関する概説・入門書など）
安藤和宏著『よくわかる音楽著作権ビジネス 基礎編 5th Edition)』『同 実践編 5th Edition)』（リットーミュージック・二〇一八年）
池村聡著『はじめての著作権法』（日本経済新聞出版社・二〇一八年）
岡村久道著『著作権法 第4版』（民事法研究会・二〇一九年）
小倉秀夫・金井重彦編著『著作権法コンメンタール』（レクシスネクシス・ジャパン・二〇一三年）
加戸守行著『著作権法逐条講義 六訂新版』（著作権情報センター・二〇一三年）
小泉直樹著『知的財産法入門』（岩波新書・二〇一〇年）
斉藤博著『著作権法概論』（勁草書房・二〇一四年）
作花文雄著『詳解 著作権法 第5版』（ぎょうせい・二〇一八年）

島並良・上野達弘・横山久芳著『著作権法入門 第2版』（有斐閣・二〇一六年）
高林龍著『標準著作権法 第4版』（有斐閣・二〇一九年）
田村善之著『著作権法概説 第2版』（有斐閣・二〇〇一年）
著作権法令研究会編著『実務者のための著作権ハンドブック 第九版』（著作権情報センター・二〇一四年）
中山信弘著『著作権法 第2版』（有斐閣・二〇一四年）
名和小太郎著『ディジタル著作権』（みすず書房・二〇〇四年）
野口祐子著『デジタル時代の著作権』（ちくま新書・二〇一〇年）
半田正夫著『著作権法概説 第16版』（法学書院・二〇一五年）
半田正夫・松田政行編『著作権法コンメンタール1〜3 第2版』（勁草書房・二〇一五年）
福井健策著『「ネットの自由」vs.著作権』（光文社新書・二〇一二年）
福井健策著『誰が「知」を独占するのか』（集英社新書・二〇一四年）
福井健策著『18歳の著作権入門』（ちくまプリマー新書・二〇一五年）
福井健策編『エンタテインメントと著作権』シリーズ1〜5巻（著作権情報センター・二〇一四〜二〇二〇年）

〔タ〕

索　引

主要な箇所のページに限る

情報のアップデートや訂正などは、
下記サイトをご参照ください。

骨董通り法律事務所 For the Arts
https://www.kottolaw.com/

福井健策（ふくい けんさく）

弁護士。ニューヨーク州弁護士。一九九一年、東京大学法学部卒業。米コロンビア大学法学修士課程修了。骨董通り法律事務所 For the Arts 代表パートナー、日本大学藝術学部・神戸大学大学院客員教授。専門分野は芸術文化法、著作権法。Think C 世話人。国立国会図書館審議会・デジタルアーカイブ学会ほかで委員・理事を務める。主な著書に『18歳の著作権入門』（ちくまプリマー新書）、『著作権の世紀―変わる「情報の独占制度」』（集英社新書）などがある。

改訂版《かいていばん》 著作権《ちょさくけん》とは何《なに》か 文化《ぶんか》と創造《そうぞう》のゆくえ

集英社新書一〇一六A

二〇二〇年三月二二日 第一刷発行
二〇二四年二月二五日 第二刷発行

著者……福井健策《ふくいけんさく》
発行者……樋口尚也
発行所……株式会社集英社
東京都千代田区一ツ橋二-五-一〇 郵便番号一〇一-八〇五〇
電話 〇三-三二三〇-六三九一（編集部）
〇三-三二三〇-六〇八〇（読者係）
〇三-三二三〇-六三九三（販売部）書店専用

装幀……原 研哉
印刷所……TOPPAN株式会社
製本所……ナショナル製本協同組合

定価はカバーに表示してあります。

ISBN 978-4-08-721116-0 C0232 Printed in Japan

集英社新書　好評既刊

政治・経済——A

a pilot of wisdom

「通貨」の正体　浜 矩子
隠された奴隷制　植村 邦彦
未来への大分岐　マルクス・ガブリエル／マイケル・ハート／ポール・メイソン／斎藤幸平・編
「国連式」世界で戦う仕事術　滝澤 三郎
国家と記録 政府はなぜ公文書を隠すのか？　瀬畑 源
水道、再び公営化！ 欧州・水の闘いから日本が学ぶこと　岸本 聡子
改訂版 著作権とは何か 文化と創造のゆくえ　福井 健策
朝鮮半島と日本の未来　姜 尚中
人新世の「資本論」　斎藤 幸平
国対委員長　辻元 清美
アフリカ 人類の未来を握る大陸　別府正一郎
〈全条項分析〉日米地位協定の真実　松竹 伸幸
日本再生のための「プランB」　兪 炳匡
新世界秩序と日本の未来　内田 樹／姜 尚中
世界大麻経済戦争　矢部 武
中国共産党帝国とウイグル　橋爪大三郎／中田 考
安倍晋三と菅直人　尾中香尚里

ジャーナリズムの役割は空気を壊すこと　森 達也／望月衣塑子
代表制民主主義はなぜ失敗したのか　藤井 達夫
会社ではネガティブな人を活かしなさい　友原 章典
自衛隊海外派遣 隠された「戦地」の現実　布施 祐仁
北朝鮮 拉致問題 極秘文書から見える真実　有田 芳生
アフガニスタンの教訓 挑戦される国際秩序　山本 忠通／内藤 正典
原発再稼働 葬られた過酷事故の教訓　日野 行介
北朝鮮とイラン　福原 裕二／吉村慎太郎
歴史から学ぶ 相続の考え方　神山 敏夫
非戦の安全保障論　柳澤 協二／伊勢﨑 賢治／加藤 朗／林 吉永
西山太吉 最後の告白　西山 太吉／佐高 信
日本酒外交 酒サムライ外交官、世界を行く　門司健次郎
日本の電機産業はなぜ凋落したのか　桂 幹
ウクライナ侵攻とグローバル・サウス　別府正一郎
日本が滅びる前に 明石モデルがひらく国家の未来　泉 房穂
イスラエル軍元兵士が語る非戦論　ダニー・ネフセタイ
戦争はどうすれば終わるか？　柳澤 協二／伊勢﨑 賢治／加藤 朗／林 吉永